Aṣ-Ṣalāh
Das Gebet im Islam

Muḥammad Rassoul

Vollständig überarbeitet von
Z. Soukah und M. A. Ramdani

Islamische Bibliothek

Bibliographische Information der Deutschen Nationalbibliothek:
Die Deutsche Nationalbibliothek verzeichnet diese Publikation in der Deutschen Nationalbibliografie; detaillierte bibliografische Daten sind im Internet über http://dnb.d-nb.de abrufbar.

Die vorliegende Ausgabe basiert auf der 7. Auflage des Titels „Aṣ-Ṣalāh Das Gebet im Islam", IB Verlag Islamische Bibliothek gemeinnützige Gesellschaft mbH, Köln 1999.

ISBN: 978-3-941111-26-4

2. unveränderte Auflage
Düsseldorf, Ǧumāda Al-Awwal 1435 n.H./März 2014 n.Chr.

Autor: Muḥammad Ibn Aḥmad Ibn Rassoul
Überarbeitung: Zouheir Soukah und Muhammad Amin Ramdani
Bilddarsteller: Abu Sakinah
Fotografie: Heider Fotografie, heider-fotografie@gmx.de
Fotostandort: Masjid At-Tauba, Düsseldorf
Layout & Druck: punktmedien.de

IB Verlag Islamische Bibliothek
www.ibverlag.de | info@ibverlag.de

بسم الله الرحمن الرحيم

﴿ وَأَقِمِ ٱلصَّلَوٰةَ ۖ إِنَّ ٱلصَّلَوٰةَ تَنْهَىٰ
عَنِ ٱلْفَحْشَآءِ وَٱلْمُنكَرِ ۗ وَلَذِكْرُ ٱللَّهِ أَكْبَرُ ۗ
وَٱللَّهُ يَعْلَمُ مَا تَصْنَعُونَ ﴾

„... und verrichte das Gebet. Wahrlich, das Gebet hält von schändlichen und abscheulichen Dingen ab; und Allāhs zu gedenken, ist gewiss das Höchste. Und Allāh weiß, was ihr begeht.“

Inhaltsverzeichnis

Erläuterung der Lautumschrift

ا	**ā**	langes a wie in „Bahn“.
ذ	**ḏ**	stimmhafter Lispellaut, wie englisches th in „mother“.
ض	**ḍ**	verdumpftes d, wie in arabisch *ramaḍān* „Ramadan“
ج	**ǧ**	stimmhaftes dsch wie in Dschungel.
غ	**ġ**	Gaumenzäpfchen-r ,wie in „reisen“.
هـ	**h**	h (immer hörbar!), wie in „Haushalt“.
ح	**ḥ**	stark behauchtes h, wie in arabisch *Aḥmad* „Ahmad“.
خ	**ḫ**	ch, wie in „Bach“.
ي	**ī**	langes i, wie in „tief“.
ك	**k**	helles, vorn gesprochenes k.
ق	**q**	kehlig gesprochenes k, wie in arabisch *al-Qurʾān*.
ر	**r**	gerolltes Zungen-r, wie in spanisch „perro“.
س	**s**	stimmloses s, wie ß in „heißen“.
ش	**š**	sch, wie in „Schiff“.
ص	**ṣ**	verdumpftes stimmloses s, wie in arabisch *ṣalāt* „Gebet“
ت	**t**	helles, vorn gesprochenes t.
ث	**ṯ**	stimmlos gelispeltes englisches th, wie in „thing“
ط	**ṭ**	verdumpftes t, wie in arabisch *ṭahāra* „Reinheit“
	ū	langes u, wie in „Kuh“.
و	**w**	rundes Lippen-w wie im englischen wide.
ى	**y**	j, wie in „Ja“
ز	**z**	stimmhaftes s, wie in „Rose“
ظ	**ẓ**	verdumpftes stimmhaftes *s*, wie in arabisch *ẓahara* „erscheinen“
ع	**ʿ**	kehliger Stimmabsatz, wie in arabisch *Kaʿba* „Kaaba“
ء	**ʾ**	Stimmabsatz, wie in „beachten“

Abkürzungen

a.s.: „ʿalaihi-s-Salām“ bzw. „ʿalaihā-s-Salām“ (= Friede auf ihm bzw. auf ihr). Wird von Muslimen bei der Nennung von Engeln, Propheten und manchen Frauen, wie z.B. Maria, ehrend hinzugefügt.

a.s.s.: „ʿalaihi-ṣ-Ṣalātu wa-s-Salām“ (= auf ihm seien Segen und Friede) oder „ṣalla-llāhu ʿalaihi wa-sallam“ (= Allāh segne ihn und schenke ihm Friede). Wird von Muslimen bei der Nennung des Propheten Muḥammad ehrend hinzugefügt.

arab.: arabisch.

bzw.: beziehungsweise.

f.: femininum.

gest.: gestorben.

lt.: laut.

m.: masculinum.

n.Ch.: nach der Geburt Christi.

n.H.: nach der Hiğra (Auswanderung des Propheten Muḥammad, Allāhs Segen und Friede auf ihm, von Makka nach Al-Madīna); die Hiğra ist der Beginn der islamischen Zeitrechnung.

o. J.: Ohne Jahresangabe.

o. O.: Ohne Ortsangabe.

pl.: Plural.

r: „raḍiya-llāhu ʿanh“ bzw.“ ... ʿanhā“ (= Möge Allāh Wohlgefallen an ihm bzw. ... an ihr haben). Wird von Muslimen bei der Nennung der Prophetengefährten ehrend hinzugefügt.

s.: siehe.

s.u.: siehe unter.

sing.: Singular.

t.: „taʿālā“ = der Erhabene (wörtlich: Er ist Erhaben). Wird von Muslimen bei der Nennung Allāhs als Verherrlichung hinzugefügt.

u.a.: unter anderem.

v.Ch.: Vor der Geburt Christi.

vgl.: vergleiche.

Vorwort des Herausgebers

Im Namen Allāhs, des Allbarmherzigen, des Gnädigen. Wir preisen Allāh, erbitten Seine Hilfe und flehen Ihn um Vergebung an. Wir suchen Zuflucht bei Ihm vor dem Übel unserer triebhaften Seele und schlechten Taten. Wen Allāh rechtleitet, der wird nie Irregehen; und wen Allāh in die Irre hinabgleiten lässt, für den gibt es keine Rechtleitung. Ich bezeuge, dass niemand außer Allāh anbetungswürdig ist, der Einzig ist und keine Partner hat. Und ich bezeuge, dass Muḥammad, Segen und Frieden Allāhs sei mit ihm, Sein Diener und Gesandter ist.

Das vorliegende Werk, das von unserem ehrenwerten und hochgeschätzten Bruder Muḥammad Rassoul als Pionierarbeit, vor mehr als 30 Jahren mit der Hilfe Allāhs entstanden ist, gehört zu den bekanntesten und beliebtesten Werken, die sich mit dem islamischen Gebet befasst haben. Möge Allāh Ihn für diese Arbeit mit der höchsten Stufe im Paradies, dem Ǧannatul-Firdaus, belohnen.

Zwar ist das Werk mittlerweile in die Jahre gekommen, dennoch bleiben sowohl Aufbau als auch Inhalt äußerst wertvoll und da es auch unter den deutschsprachigen Muslimen weite Verbreitung fand, war es uns ein Anliegen, das Werk umfassend zu revidieren und an einigen Stellen Überarbeitungen und Ergänzungen durchzuführen. Die Revision stützte sich hierbei auf dem angesehenen Werk *Fiqh-us-Sunna* von As-Sayyid Sabiq, das auch Muhammad Rassoul bei seiner damaligen Verfassung als Grundlage

herangezogen hat. Ziel dieser Überarbeitung war es vor allem, dem Leser das Erlernen des Gebetes anschaulicher zu machen und einige vorhandene Unklarheiten zu beseitigen. Neben der inhaltlichen Überarbeitung war es zweckmäßig, dem Werk auch gestalterisch ein verbessertes Erscheinungsbild zu verleihen.
Möge Allāh diesem Buch den verdienten Zuspruch bescheren und für die Suchenden eine Hilfe sein, damit sie Ihrem Herrn gebührend dienen und danken können.

Mohammed Amine Ramdani

Düsseldorf,
Rabīʿ Al-Awwal 1433, Februar 2012

Vorwort des Autors

„Gepriesen sei dein Herr, der Herr der Erhabenheit, Hoch über dem, was sie beschreiben. Und Friede sei auf den Gesandten. Und alles Lob gebührt Allāh, dem Herrn der Welten."[1]

Allāh (t) hat den Muslimen das Gebet vorgeschrieben, damit sie mehrmals täglich Seiner gedenken:

„Wahrlich, Ich bin Allāh. Es ist kein Gott außer Mir; darum diene Mir und verrichte das Gebet zu Meinem Gedenken."[2]

Mit diesen Worten redete Allāh (t) Moses an, als Er ihn zum Propheten berief.

Das Gebet stärkt den Glauben und das Vertrauen der Gläubigen auf Allāh (t). Es gibt ihnen innere Ruhe und Kraft, da sie ihrem Schöpfer all ihre Wünsche und Nöte vortragen und Ihn um Vergebung ihrer Fehler bitten können.

Im Gebet kann sich der Muslim ohne Mittler an Allāh (t) wenden und Ihn um Beistand bitten - für sich selbst, für seine Angehörigen, für seine Glaubensbrüder und sogar für die ganze Menschheit.

Andererseits kann der Gläubige seinen Herrn z.B. auch um die Beseitigung eines Tyrannen bitten, wenn er sich von diesem zu Unrecht unterdrückt fühlt. So heißt es in einem Ḥadīṯ[3], dass die Klage eines Unterdrückten immer bei Allāh

---

1 Qur᾿ān, Sura 37 (Aṣ-Ṣāffāt, Die sich Reihenden), Vers 180-182.

2 Qur᾿ān, Sura 20 (Ṭā Hā), Vers 14.

3 Bericht über Aussprüche, Taten, Eigenschaften und stillschweigende Billigungen des Propheten Muḥammad (a.s.s.); es ist gleichbedeutend mit dem Wort „Sunna".

ankommt und durch nichts und niemanden abgeschirmt werden kann, d.h. sein Fluch gegen den Unterdrücker wird von Allāh (t) immer erhört, wenn er berechtigt ist.[4]

Das Gemeinschaftsgebet fördert das gegenseitige Kennenlernen der Muslime. Oft schon wurden neue Bekanntschaften und Freundschaften zwischen Gläubigen angeknüpft, weil sie sich in der Moschee kennenlernten. Auch erfährt dort mancher Gläubige von den Problemen seiner Glaubensgeschwister und Nachbarn, wenn er sich nach dem Gebet nach ihrem Befinden erkundigt.

Die folgenden Ausführungen sollen dem deutschsprachigen Muslim eine Hilfe sein, das Wichtigste über das Gebet, das nach dem Glaubensbekenntnis die bedeutendste »Säule des Islam« ist, in einfacher und übersichtlicher Form kennenzulernen.

Die vorliegende Abhandlung basiert auf Qur'ān und Sunna[5] und ist nicht auf eine bestimmte Rechtsschule beschränkt. In strittigen Fragen wird kurz auf unterschiedliche Meinungen der Rechtsgelehrten hingewiesen. Die Entscheidung bleibt dem Leser überlassen.

Möge uns Allāh (t) die Bedeutung des Gebets allzeit bewusst machen, unsere Gebete annehmen und unsere Fehler vergeben. Er möge unsere Herzen mit Seinem Licht erleuchten und uns das Verlangen danach einflößen, unsere Gebete verrichten zu wollen. Allāh (t) möge uns unsere

---

4 Überliefert bei Al-Buḫāryy.

5 a) Beispielhaftes und nachahmenswertes Verhalten des Propheten Muḥammad (a.s.s.); b) Dinge, die der Prophet (a.s.s.) getan, befohlen oder empfohlen hat; es ist gleichbedeutend mit dem Wort „Ḥadīṯ".

Vergesslichkeit verzeihen und uns Seinen Lohn geben für unsere aufrichtige Absicht, nach Seinem Wohlwollen zu streben.

Er möge diesem bescheidenen Beitrag Erfolg geben und den Gläubigen Kraft und Rechtleitung zukommen lassen, damit sie Ihm Allein dienen und ihre Gebete regelmäßig verrichten können. Insbesondere gilt dies für die Gebete der Gemeinschaft, um die Umma, die Gemeinde des Islam, zu stärken und zu beleben.

Amin.

Abu-r-Riḍāʾ
Muḥammad Ibn Aḥmad Ibn Rassoul

Köln,
im Rabīʿu-l-Awwal 1402 / Januar 1982

A. Die Bedeutung des Gebets im Islam

Die Pflicht zum täglichen Gebet ist in zahlreichen Versen des Qur'ān sowie in vielen Ḥadīṯen vorgeschrieben. So heißt es z.B. in der vierten Sura[6], Vers 103:

﴿إِنَّ ٱلصَّلَوٰةَ كَانَتۡ عَلَى ٱلۡمُؤۡمِنِينَ كِتَٰبٗا مَّوۡقُوتٗا﴾

„... wahrlich das Gebet zu bestimmten Zeiten ist für die Gläubigen eine Pflicht."

Und in einem bekannten Ḥadīṯ lesen wir:

«بُنِيَ الْإِسْلَامُ عَلَى خَمْسٍ: شَهَادَةِ أَنْ لَا إِلَهَ إِلَّا اللَّهُ، وَأَنَّ مُحَمَّدًا رَسُولُ اللَّهِ، وَإِقَامِ الصَّلَاةِ، وَإِيتَاءِ الزَّكَاةِ، وَالْحَجِّ، وَصَوْمِ رَمَضَانَ.»

„Der Islam ist auf fünf Säulen erbaut: auf dem Bekenntnis, dass kein Gott da ist außer Allāh und dass Muḥammad der Gesandte Allāhs ist, der Verrichtung des Gebets, dem Entrichten der Zakāh[7], dem Pilgern zum Hause Allāhs (der Kaʿba in Makka) und dem Fasten im (Monat) Ramaḍān."[8]

6 Abschnitt im Qur'ān. Es gibt 114 Suren (arab. pl.: Suwar) unterschiedlicher Länge.

7 Pflichtmäßige Abgabe im Islam

8 Überliefert bei Al-Buḫāryy und Muslim

Die Tatsache, dass das Gebet eine »Säule des Islam« ist und gleich nach dem Glaubensbekenntnis genannt wird, unterstreicht seine Bedeutung. Darauf weist der Prophet Muḥammad (a.s.s.) auch in einem anderen Ḥadīṯ hin:

«أَوَّلُ مَا يُحَاسَبُ بِهِ الْعَبْدُ يَوْمَ الْقِيَامَةِ الصَّلاَةُ، فَإِنْ صَلُحَتْ، صَلُحَ لَهُ سَائِرُ عَمَلِهِ، وَإِنْ فَسَدَتْ فَسَدَ سَائِرُ عَمَلِهِ.»

„Das erste, wofür der Mensch am Tage des Gerichts zur Verantwortung gezogen wird, ist das Gebet: Wenn es gut war, werden auch seine Taten gut gewesen sein, und wenn es schlecht war, werden auch seine Taten schlecht gewesen sein.“[9]

In einem anderen Ḥadīṯ heißt es:

«الْعَهْدُ الَّذِي بَيْنَنَا وَبَيْنَهُمْ الصَّلاَةُ فَمَنْ تَرَكَهَا فَقَدْ كَفَرَ.»

„Die Verpflichtung, die uns (Muslime) von ihnen (den Ungläubigen) unterscheidet, ist das Gebet. Wer es nicht verrichtet, ist ungläubig geworden.“[10]

Im Islam unterscheidet man zwischen zwei grundsätzlichen Arten des Gebets: Duʿāʾ und Ṣalāh.

9 Überliefert bei Aṭ-Ṭabarānyy

10 Überliefert bei Aḥmad

Das arabische Wort Duʿāʾ bedeutet »Bittgebet«; dieses Gebet ist an keine bestimmte Form gebunden und kann jederzeit gesprochen werden.[11]

Das Wort Ṣalāh hatte von der Sprache her gesehen ursprünglich dieselbe Bedeutung wie Duʿāʾ, erlangte jedoch als islamischer Begriff eine ganz spezielle Bedeutung: man versteht darunter bestimmte Worte und bestimmte Bewegungsabläufe, die mit den Worten *„Allāhu akbar"* (Allāh ist größer)[12] eingeleitet und mit den Worten *„Assalāmu ʿalaikum wa raḥmatu-llāh"* (Friede sei auf euch und die Barmherzigkeit Allāhs) beendet werden.

Zur Gebetsart »Ṣalāh« zählen die täglichen fünf Farḍ-Gebete[13] und die Nāfila-Gebete.[14]

Diese Art des Gebets umfasst die äußere Form und den geistigen Inhalt: Nicht nur Herz und Geist beten Allāh (t) an, auch der Körper nimmt eine Gebetshaltung ein.

Im Qurʾān lesen wir in Sura 29, Vers 45:

﴿ وَأَقِمِ ٱلصَّلَوٰةَ ۖ إِنَّ ٱلصَّلَوٰةَ تَنْهَىٰ عَنِ ٱلْفَحْشَآءِ وَٱلْمُنكَرِ ۗ وَلَذِكْرُ ٱللَّهِ
أَكْبَرُ ۗ وَٱللَّهُ يَعْلَمُ مَا تَصْنَعُونَ ﴾

11 vgl. Yasir Qadhi: Duʿā - Die Waffe des Gläubigen, IB Verlag Islamische Bibliothek

12 Dies ist die kurze Form für den Satz: Allāh ist noch größer als alles, was wir uns vorstellen können.

13 Pflicht-Gebete, die von Allāh (t) im Qurʾān vorgeschrieben sind.

14 Freiwillige Mehrleistungen; über die vorgeschriebene Pflicht hinausgehende gute Werke.

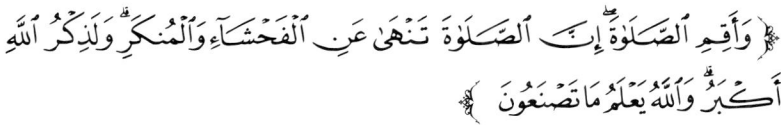

„... und verrichte das Gebet. Wahrlich, das Gebet hält von schändlichen und abscheulichen Dingen ab; und Allāhs zu gedenken, ist gewiss das Höchste. Und Allāh weiß, was ihr begeht."

Das aufrichtige Gebet erleuchtet und reinigt Herz und Seele und wird zur Verbindung zwischen Allāh (t) und dem Betenden; denn es bietet Gelegenheit zur Verehrung, Danksagung und demütigen Bitte sowie zur Festigung des Glaubens und des Vertrauens auf Allāh (t).

Der Prophet Muḥammad (a.s.s.) pflegte im Gebet Schutz zu suchen, wenn ihn ein Problem bedrückte.

Ferner fördert das Gebet die Einheit und Gleichheit zwischen den Gläubigen, da im Gemeinschaftsgebet niemand einen bevorzugten Platz aufgrund seiner Hautfarbe, Nationalität oder seines Ranges einnehmen darf; und es erzieht den Menschen außerdem noch zu Pünktlichkeit, Sauberkeit und Ordnung.

Deshalb ist das Gebet nach dem Glaubensbekenntnis der wichtigste Eckpfeiler des Islam und wurde den Gläubigen als erste Pflicht auferlegt. Dies geschah während der nächtlichen Himmelsreise des Propheten Muḥammad (a.s.s.) einige Zeit vor seiner Auswanderung (Hiğra) nach Al-Madīna. Allāh (t) maß (und misst) dem Gebet also eine so große Bedeutung bei, dass Er direkt mit Seinem Gesandten darüber sprach. Während jenes Gesprächs verkündete Allāh

(t) in Seiner Güte, dass die fünf auferlegten Gebete fünfzig anderen Gebeten an Wert und Belohnung gleichkommen.[15]
In verschiedenen Ḥadīṯen wird darauf hingewiesen, dass das Gebet den Gläubigen vom Ungläubigen unterscheidet. Im Qur᾽ān sagt Allāh (t) in Sura 30, Vers 31:

﴿وَأَقِيمُوا۟ ٱلصَّلَوٰةَ وَلَا تَكُونُوا۟ مِنَ ٱلْمُشْرِكِينَ﴾

„...und verrichtet das Gebet und seid nicht unter den Götzendienern."

Der Prophet Muḥammad (a.s.s.) erklärte die Bedeutung und Auswirkung des Gebets so:

«أَرَأَيْتُمْ لَوْ أَنَّ نَهَرًا بِبَابِ أَحَدِكُمْ يَغْتَسِلُ مِنْهُ كُلَّ يَوْمٍ خَمْسَ مَرَّاتٍ هَلْ يَبْقَى مِنْ دَرَنِهِ شَيْءٌ قَالُوا لَا يَبْقَى مِنْ دَرَنِهِ شَيْءٌ قَالَ فَكَذَلِكَ مَثَلُ الصَّلَوَاتِ الْخَمْسِ يَمْحُو اللهُ بِهِنَّ الْخَطَايَا.»

„Stellt euch vor, jemand von euch hätte vor seiner Haustür einen Fluss, in dem er fünfmal am Tage baden würde; würde dann etwas von seinem Schmutz an ihm zurückbleiben?"
Die Leute antworteten:
„Nichts von seinem Schmutz würde an ihm zurückbleiben."
Der Prophet sagte :

15 Nach Al-Buḫāryy, Aḥmad, An-Nasā᾽yy und At-Tirmiḏyy.

„Genauso ist es mit den fünf Gebeten, durch die Allāh die Sünden tilgt."[16]

Der Gläubige findet in seinen Gebeten auch eine moralische Stärkung; denn er weiß, dass er seinen Schöpfer jederzeit um Rat und Trost bitten und Ihm seine Sorgen mitteilen kann; er schöpft nicht nur neuen Mut, sondern findet auch Schutz vor allem Übel. So wie der Körper Nahrung braucht, benötigt auch die Seele neue Kraft. Das aufrichtige Gebet ist ein Bollwerk und Schutzdamm gegen die Unruhe und die Anforderungen des täglichen Lebens.

B. Für wen ist das Gebet Pflicht?

Das fünfmalige Gebet ist Pflicht für jeden erwachsenen Muslim, ob Mann oder Frau, der im Vollbesitz seiner geistigen Kräfte ist. Kinder sollen ab dem siebten Lebensjahr an von den Eltern zum Gebet angehalten werden. Ab dem zehnten Lebensjahr sollte die Verpflichtung des Gebetes, von Seiten der Eltern, mit entschlossener Konsequenz verfolgt werden.

Verrichten Kinder das Gebet, werden sie dafür von Allāh (t) belohnt, jedoch nicht von Ihm bestraft, wenn sie es unterlassen. Vom Zeitpunkt der Geschlechtsreife an sind sie jedoch zum Gebet verpflichtet und gelten hinsichtlich dieser Pflicht als Erwachsene.

16 Überliefert in der Ḥadīṯ-Sammlung von Muslim

Frauen sind während der Menstruation (längstens 15 Tage)[17] und für die Dauer des Wochenbetts (längstens 40 Tage) von dieser Pflicht ausgenommen, da sie in dieser Zeit nicht beten »können«.[18]

Die Unfähigkeit, den für den Normalfall vorgeschriebenen Bewegungsablauf des Gebets zu vollziehen - sei es wegen Krankheit, Gebrechlichkeit oder aufgrund welcher Umstände auch immer - entbindet uns nicht von der Pflicht zum Gebet; es werden uns für diese Fälle aber die notwendigen Erleichterungen gewährt.[19] Selbst dann noch, wenn ein Muslim den Tod schon nahen fühlt und sich bereits nicht mehr bewegen kann, ist er, solange er noch bei Bewusstsein ist, zum Gebet verpflichtet: d.h., er soll in Gedanken noch einmal das Gebet mit seinen Bewegungsabläufen nachvollziehen.

Während also für das Unterlassen der anderen grundlegenden Pflichten eines Muslims - die Zahlung der Zakāh, das Fasten im Ramaḍān und die Pilgerfahrt nach Makka - anerkannte Entschuldigungsgründe vorliegen können, gibt es für die Verrichtung des Gebets (abgesehen von den erwähnten Ausnahmen) absolut keinen Grund, der die Muslime von dieser Pflicht entbindet. Hieraus wird noch einmal deutlich, welche Bedeutung dem Gebet im Islam

---

17 Nach weiterer Meinung einiger Gelehrten, dauert sie nur 13 Tage.

18 Siehe dazu Kapitel C. Frauen können jedoch auch in dieser Zeit selbstverständlich solche Gebete verrichten, die nicht Ṣalāh sind und die keine rituelle Reinheit erforderlich machen, z.B. Allāh (t) loben und Preisen, Ihn um Beistand bitten usw.

19 Siehe dazu Kapitel J (4), K (14) und (15).

zukommt, dass es nämlich für das Muslim-Sein genauso wesentlich ist wie die Šahāda[20] selbst.
Wer ein Gebet vergisst oder verschläft, muss bei der ersten, sich bietenden Gelegenheit das versäumte Gebet nachholen, wie wir aus folgendem Ḥadīṯ erfahren:

«مَنْ نَسِيَ صَلاَةً فَلْيُصَلِّهَا إِذَا ذَكَرَهَا.»

„Wer ein Gebet vergisst, verrichtet es, sobald er sich daran erinnert."[21]

Wer dagegen das Gebet absichtlich nicht verrichtet, weil er es nicht als eine vorgeschriebene Pflicht anerkennt, wird als Ungläubiger betrachtet. In einem Ḥadīṯ lesen wir:

«الْعَهْدَ الَّذِي بَيْنَنَا وَبَيْنَهُمْ الصَّلاَةُ فَمَنْ تَرَكَهَا فَقَدْ كَفَرَ.»

„Die Verpflichtung, welche uns (Muslime) von ihnen (den Ungläubigen) unterscheidet, ist das Gebet; wer es unterlässt, ist ungläubig."[22]

---

20 Das Bekenntnis, dass kein Gott außer Allāh da ist und dass Muḥammad Sein Gesandter ist.

21 Überliefert bei An-Nasāʾyy und At-Tirmiḏyy

22 Überliefert bei Aḥmad und den übrigen Verfassern der Sunna- bzw. Ḥadīṯ-Sammlungen

C. Die Vorbedingungen für das Gebet

Vor dem Gebet müssen sechs Bedingungen erfüllt sein, ohne die das Gebet (im Normalfall) ungültig ist. Dies gilt bereits dann, wenn nur eine Bedingung nicht erfüllt ist. Diese Bedingungen sind unabdingbar:

1. Rituelle Reinheit des Körpers (Ṭuhūr).
2. Rituelle Reinheit der Kleidung und Bedeckung der Blöße.
3. Rituelle Reinheit des Gebetsplatzes.
4. Einnahme der Gebetsrichtung (Qibla).
5. Einhalten der Gebetzeiten.
6. Absicht (Niyya) zum Gebet.

Unabdingbare Voraussetzung für die Gültigkeit des Gebets ist natürlich das Bekenntnis zum Islam selbst.

1. Rituelle Reinheit des Körpers (Ṭuhūr)

Die rituelle Reinheit des Körpers ist eine der Voraussetzungen für die Gültigkeit des Gebets. Sie wird durch die rituelle Waschung (Wuḍūʾ = Reinigung) herbeigeführt.

Allāh (t) hat den Menschen mit Körper, Geist und Seele erschaffen. Der Islam trägt auch dem Körper, nicht nur dem Geist und der Seele, Rechnung und weist ihm beim Gottesdienst eine aktive Rolle zu. So ist die geistige Reinigung vor dem Gebet durch Konzentration der Gedanken auf Allāh (t) und Vermeidung aller Gedanken, die weltliche Dinge betreffen, untrennbar mit der körperlichen

Reinigung verbunden. So wie der Mensch nicht als Geist allein, ohne Körper, vorstellbar ist, so kann auch die rituelle Reinheit zum Gebet nicht durch geistige Reinheit allein erzielt werden.

Wir unterscheiden drei Arten der rituellen Reinigung:

- Wuḍūʾ im speziellen Sinne des Wortes als rituelle Gebetswaschung,
- Ġusl, die Ganzwaschung, die nur in bestimmten Fällen[23] erforderlich ist,
- Tayammum (Ersatzwaschung) für den Fall, dass kein Wasser vorhanden ist.

Außerdem gibt es noch den Masḥ, eine vereinfachte Reinigung eines oder mehrerer Körperteile innerhalb des Wuḍūʾ.

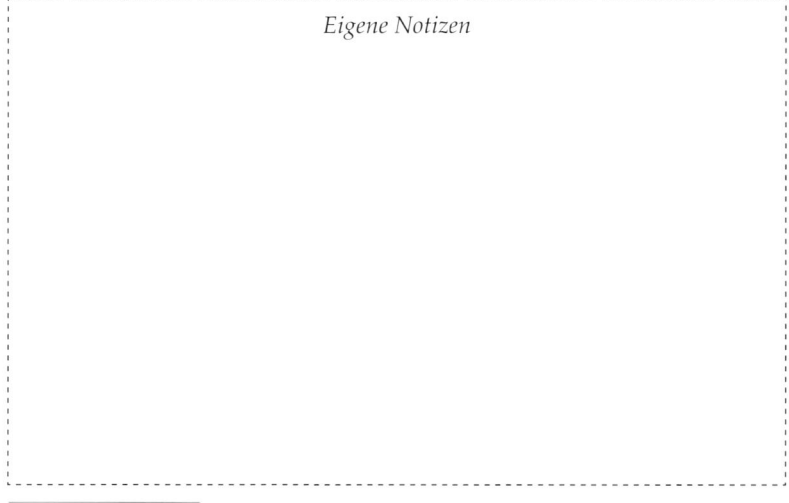

Eigene Notizen

23 Siehe dazu Abschnitt (e) dieses Kapitels

a) Wuḍūʾ, die rituelle Gebetswaschung

Anordnung und Beschreibung des Wuḍūʾ finden wir im Qurʾān in der fünften Sura, Vers 6:

﴿ يَٰٓأَيُّهَا ٱلَّذِينَ ءَامَنُوٓاْ إِذَا قُمۡتُمۡ إِلَى ٱلصَّلَوٰةِ فَٱغۡسِلُواْ وُجُوهَكُمۡ وَأَيۡدِيَكُمۡ
إِلَى ٱلۡمَرَافِقِ وَٱمۡسَحُواْ بِرُءُوسِكُمۡ وَأَرۡجُلَكُمۡ إِلَى ٱلۡكَعۡبَيۡنِ ﴾

„O ihr, die ihr glaubt. Wenn ihr euch zum Gebet begebt, so wascht euer Gesicht und eure Hände bis zu den Ellenbogen und streicht über euren Kopf und (wascht) eure Füße bis zu den Knöcheln ...“

Genauere Angaben über den Wuḍūʾ sind in zahlreichen Ḥadīṯen enthalten.

Wie führt man den Wuḍūʾ durch?

Vorausgesetzt, dass für die Waschung Wasser in ausreichender Menge zur Verfügung steht, muss für die Waschung jeweils reines Wasser verwendet werden. Man muss im Normalfall so viel Wasser verwenden, dass das Wasser von den gewaschenen Körperteilen abtropft; andererseits ist es aber auch Sunna, Wasser nicht unnötig zu verschwenden und nur so viel Wasser zu verbrauchen, wie man tatsächlich benötigt. Dabei muss man darauf achten, dass alle Körperteile, die gewaschen werden müssen, vollständig nass werden.

Vor der Waschung fasst man zunächst die Niyya (Absicht) zur Vornahme des Wuḍūʾ. Dann spricht man die Basmala[24], d.h. die Worte:

بِسْمِ اللهِ الرَّحْمٰنِ الرَّحِيمِ

Bismi-llāhi-r-rāḥmāni-r-raḥīm

Im Namen Allāhs,
des Allerbarmers, desBarmherzigen,

und führt nun die Waschung in dieser Reihenfolge aus:

Eigene Notizen

24 Basmala und Qurʾān-Verse dürfen nicht in Toiletten ausgesprochen oder absichtlich »gedacht« werden.

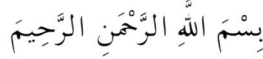

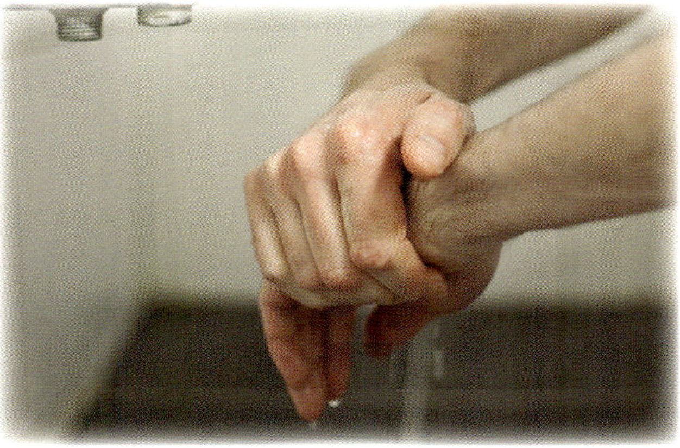

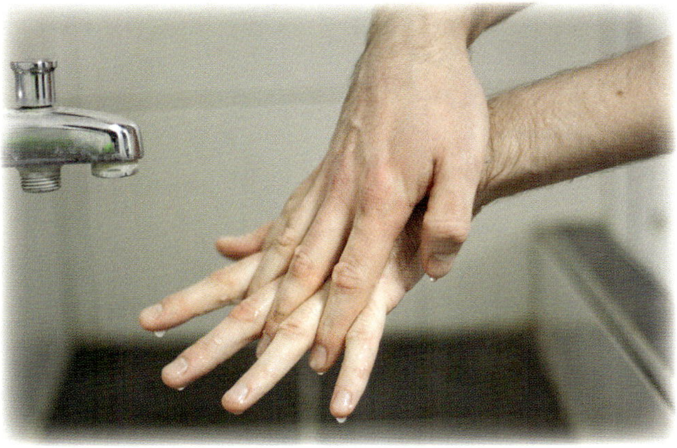

(1) Man wäscht die beiden Hände und die Handgelenke dreimal, wobei auch die Zwischenräume zwischen den Fingern gesäubert werden müssen.

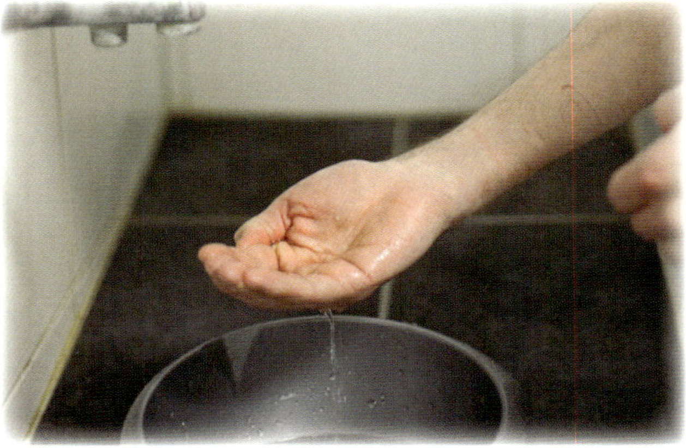

(2) Man nimmt etwas Wasser in die Handkelle und spült dreimal den Mund. Es ist empfehlenswert, jedoch nicht Pflicht, sich dabei auch die Zähne zu putzen, und zwar mit der Zahnbürste, einem Miswāk[25].

25 Ein Miswāk ist ein faseriges Ästchen von dem gleichnamigen Baum, das man noch heute kaufen kann. Unser Prophet (a.s.s.) benutzte es zum Zähneputzen und wies häufig auf die Wichtigkeit hin, sich die Zähne zu putzen.

(3) Man säubert die Nase dreimal, indem man etwas Wasser in die rechte Handkelle nimmt, das Wasser vorsichtig in den unteren Teil der Nase schubst und mit Hilfe der linken Hand die Nase schnaubt.

Hinweis für unsere „neuen" Brüder und Schwestern:

Bitte das erste Mal wirklich ganz vorsichtig das Wasser in den unteren Teil der Nase geben und nicht hochziehen. Sonst gelangt das Wasser leicht in die oberen Luftwege, was schmerzhaft und auch gefährlich werden kann und natürlich nicht beabsichtigt ist.

(4) Man wäscht mit beiden Händen das ganze Gesicht dreimal.

Männer fahren sich mit den nassen Fingern durch das Barthaar, so dass sowohl der Bart als auch die darunterliegende Hautpartie nass werden.

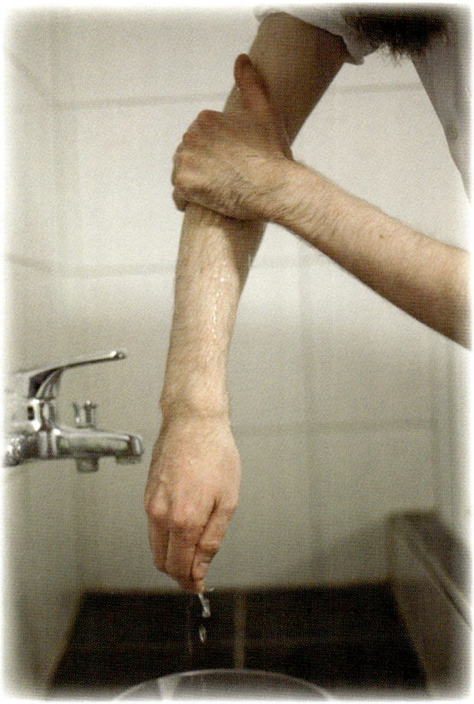

(5) Man wäscht dreimal die rechte Hand samt dem Arm bis zum Ellenbogen, indem man z.B. etwas Wasser in die rechte Handkelle nimmt, es aus der Handkelle über den gesamten Unterarm laufen lässt und mit der linken Hand das herunterlaufende Wasser über den gesamten Arm einschließlich des Ellenbogens verteilt. Man kann mit der Waschung jedoch auch beim Ellenbogen beginnen.

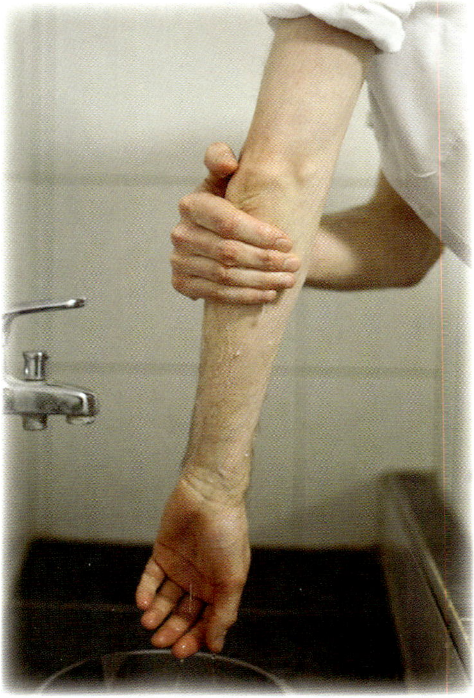

(6) Entsprechend wäscht man die linke Hand samt dem Arm bis zum Ellenbogen.

Eigene Notizen

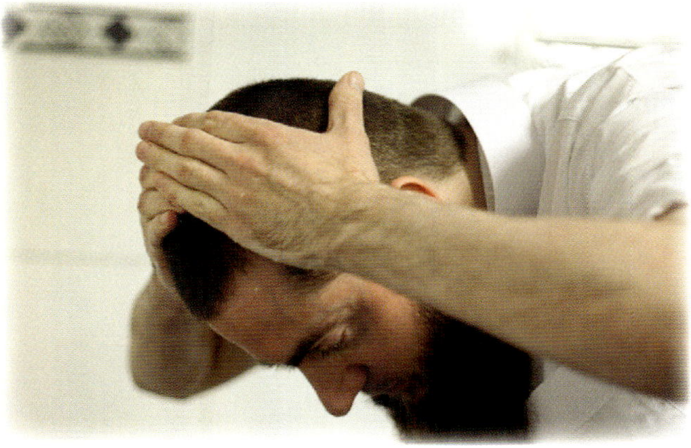

(7) Man streicht mit einer oder mit beiden nassen Händen über den vorderen Haaransatz bis zum Nacken und von da aus wieder zurück.[26]

Eigene Notizen

26 ʿAbdullāh Ibn Zaid berichtete, dass der Prophet (a.s.s.) über seinen Kopf mit seinen beiden Händen so strich, indem er mit seinen beiden Händen von vorne nach hinten, als dann von hinten nach vorne fuhr; dabei begann er mit dem Vorderteil seines Kopfes und strich mit den beiden (Händen) bis zum Nacken und brachte sie (die Hände) zurück zur Stelle (seines Kopfes), an der er begonnen hatte." (Sayyid Sabiq: Fiqh As-Sunna, Bd. 1, Seite 43).

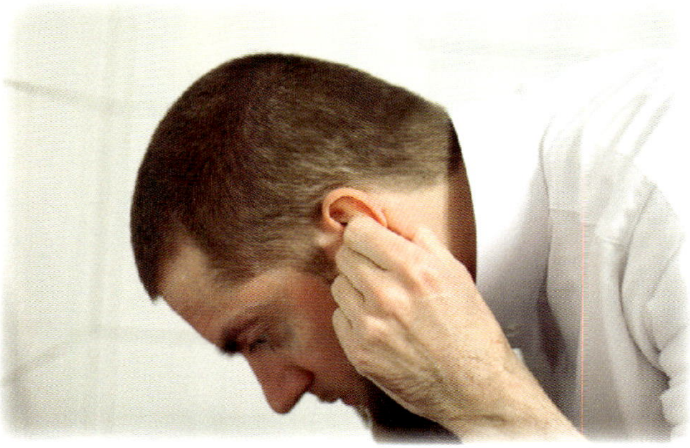

(8) Man säubert die beiden Ohren gründlich mit nassen Fingern von innen und außen - das rechte Ohr mit der rechten Hand, das linke Ohr mit der linken Hand.

Eigene Notizen

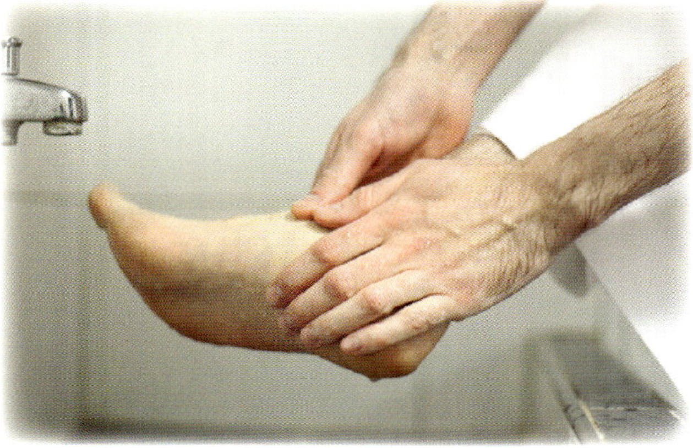

(9) Man wäscht den rechten Fuß dreimal samt den Knöcheln.

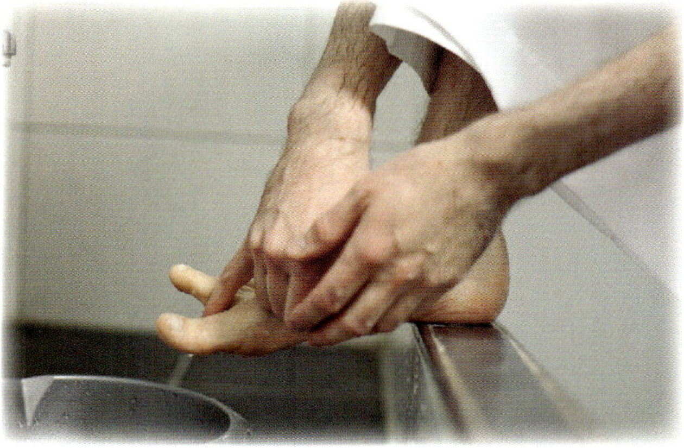

(10) Dabei reinigt man auch die Zwischenräume zwischen den Zehen.

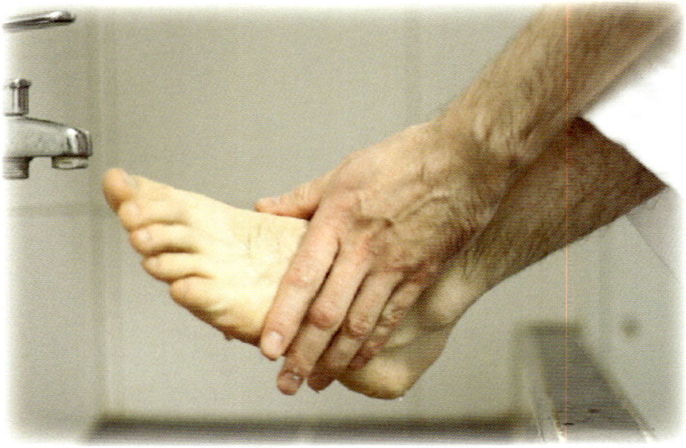

(11) Abschließend wäscht man in derselben Weise den linken Fuß. Bei der Fußwaschung ist darauf zu achten, dass die Ferse bis zum Fußgelenk ordentlich gewaschen ist.

Damit ist der Wuḍūʾ beendet

Eigene Notizen

Übersicht aller Wuḍūʾ-Phasen

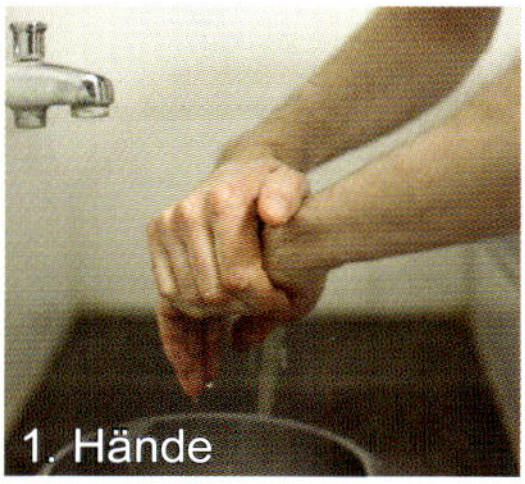
1. Hände

2. Mund

3. Nase

4. Gesicht

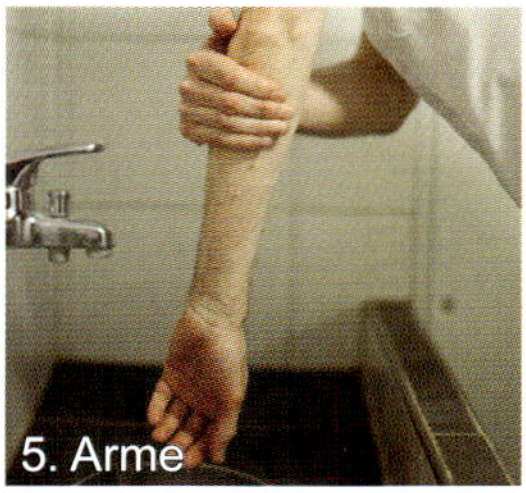
5. Arme

6. Kopf

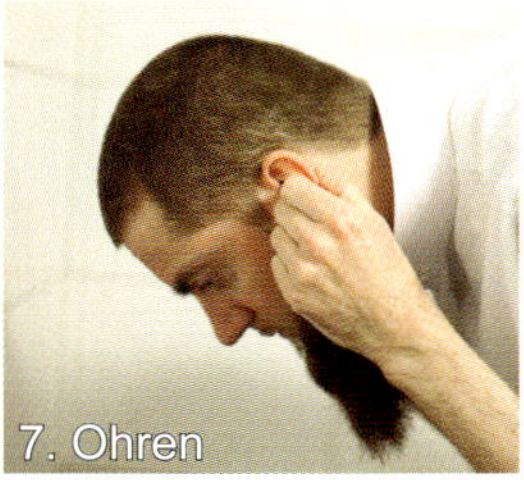
7. Ohren

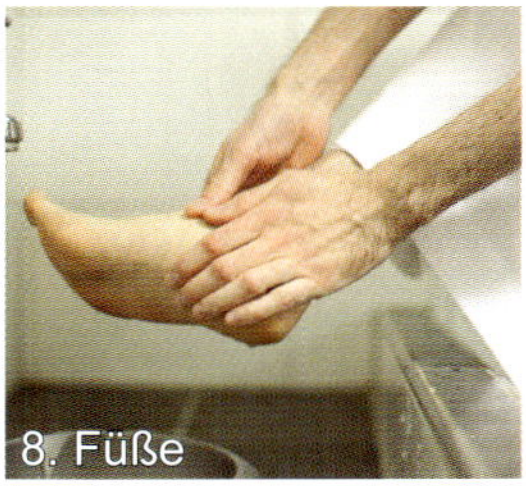
8. Füße

b) Ġusl, die Ganzkörperwaschung

In bestimmten Fällen[27] muss der ganze Körper durch den Ġusl, die Ganzkörperwaschung, gereinigt werden.

Am einfachsten kann der Ġusl mit Hilfe der Dusche durchgeführt werden, aber genausogut auch z.B. mit Hilfe einer Wasserkanne. Es sei noch einmal darauf hingewiesen, dass im Normalfall[28] so viel Wasser verwendet werden muss, dass das Wasser von allen Körperpartien abtropft, und dass es bei fließendem Wasser (z.B. Dusche) ausreicht, die Körperteile einmal unter die Wasserquelle zu halten.

Der Ġusl wird wiederum durch das Fassen der Niyya und das Sprechen der Basmala eingeleitet. Dann reinigt man die Körperteile in dieser Reihenfolge:

1. Man wäscht die Hände in der beim Wuḍūʾ unter (1) beschriebenen Weise.
2. Mit der linken Hand wäscht man den Unterleib zuerst vorn, dann hinten mit Wasser.
3. Man wäscht noch einmal die Hände wie unter (1) und führt nun den Wuḍūʾ durch, wie er im vorhergehenden Abschnitt beschrieben wird, wäscht jedoch noch nicht die Füße.
4. Man übergießt dreimal den Kopf mit Wasser, so dass der ganze Haarboden nass wird und auch die gesamten Haare durchnässt werden. Frauen brauchen jedoch geflochtenes Haar nicht zu lösen.

27 Siehe dazu Abschnitt (e) dieses Kapitels

28 Siehe den vorhergehenden Abschnitt

5. Man gießt Wasser über die rechte, dann über die linke Schulter und verteilt das herunterfließende Wasser über den gesamten Körper. Dies wiederholt man noch zwei weitere Male. Man muss dabei darauf achten, dass auch nicht die kleinste Körperstelle ungewaschen bleibt.
6. Abschließend wäscht man den rechten, dann den linken Fuß in der im vorigen Abschnitt beim Wuḍūʾ beschriebenen Weise.

Damit ist der Ġusl beendet

Nach Vollzug der rituellen Reinigung spricht man folgenden Duʿāʾ aus:

اَللّٰهُمَّ اجْعَلْنِي مِنَ التَّوَّابِينَ, وَاجْعَلْنِي مِنَ الْمُتَطَهِّرِينَ

Allāhumma-ǧ-ʿalnī mina-t-tau-wā-bīn,
waǧ-ʿalnī mina-l-mutaṭṭah-hirīn.
O Allāh, lasse mich zu den Reumütigen
und den Sich-Reinigenden gehören.

Es sei noch hinzugefügt, dass man darauf achten soll, immer wohlriechend zu sein; der Prophet (a.s.s.) liebte Wohlgerüche sehr und empfahl, sich vor dem Besuch der Moschee zu parfümieren (natürlich unaufdringlich). Frauen sollen allerdings, wenn sie das Haus verlassen, kein Parfüm benutzen, um nicht die Aufmerksamkeit Fremder auf sich zu ziehen.

c) Tayammum, die „Ersatzwaschung“

Das Wort Tayammum hat ursprünglich die Bedeutung von »Anstreben«. Im islamischen Recht bedeutet es: »das Streben zum Erdboden«, um sich damit über Gesicht und Hände zu reiben; in der Absicht, die rituelle Reinheit zu erlangen.

Die Gesetzmäßigkeit des Tayammum ergibt sich aus dem Qurʾān, der Sunna und dem Konsensus der Gelehrten (Iǧmāʿ).

Der Nachweis seiner Legitimität im Qurʾān wird durch den folgenden Vers 43 in Sura 4 (An-Nisāʾ, Die Frauen) erbracht:

﴿ وَإِن كُنتُم مَّرْضَىٰٓ أَوْ عَلَىٰ سَفَرٍ أَوْ جَآءَ أَحَدٌ مِّنكُم مِّنَ ٱلْغَآئِطِ أَوْ لَٰمَسْتُمُ ٱلنِّسَآءَ
فَلَمْ تَجِدُوا۟ مَآءً فَتَيَمَّمُوا۟ صَعِيدًا طَيِّبًا فَٱمْسَحُوا۟ بِوُجُوهِكُمْ وَأَيْدِيكُمْ ۗ إِنَّ ٱللَّهَ كَانَ
عَفُوًّا غَفُورًا ﴾

„Und wenn ihr krank seid oder euch auf einer Reise befindet oder einer von euch von der Notdurft zurückkommt, oder wenn ihr Frauen berührt habt und kein Wasser findet, dann sucht guten (reinen) Sand und reibt euch dann Gesicht und Hände ab. Wahrlich, Allāh ist Allverzeihend, Allvergebend.“

In der Sunna wird der Tayammum durch den Ausspruch des Propheten Muḥammad, Allāhs Segen und Friede auf ihm, bestätigt:

«جُعِلَتْ الْأَرْضُ كُلُّهَا لِي وَلِأُمَّتِي مَسْجِدًا وَطَهُورًا فَأَيْنَمَا أَدْرَكَتْ رَجُلًا مِنْ أُمَّتِي الصَّلَاةُ فَعِنْدَهُ مَسْجِدُهُ وَعِنْدَهُ طَهُورُهُ.»

„Die gesamte Erde ist für mich und meine Gemeinde zur Gebetsstätte und als reinigendes Mittel gemacht worden; wo auch immer sich einer aus meiner Gemeinde befindet, wenn die Zeit zum Gebet kommt, er wird (dort) einen Gebetsort und etwas haben, womit er sich reinigen kann.“[29]

Wann ist der Tayammum erlaubt?

Voraussetzung für die Erlaubnis des Tayammums ist das Eintreten der Gebetszeit. Der Tayammum ist demjenigen gestattet, der sich die kleinere Verunreinigung (Ḥadaṯ aṣġar) oder die größere Verunreinigung (Ḥadaṯ akbar) zugezogen hat - und zwar am Wohnort oder auf der Reise - wenn einer der folgenden Gründe vorliegt:

- Wenn man kein oder nur so wenig Wasser vorfindet, dass es für die Waschung zur rituellen Reinheit nicht ausreicht.
- Wenn man verletzt oder krank ist und fürchtet, dass die Anwendung von Wasser die Krankheit verschlimmert oder die Heilung verzögert, gleichgültig, ob man dies aus Erfahrung weiß oder durch die Auskunft eines vertrauenswürdigen Arztes.
- Wenn das Wasser sehr kalt ist und man es für wahrscheinlich hält, dass man sich durch dessen

29 Überliefert von Abu Umāma bei Aḥmad

Anwendung Schaden zufügt. Gleichzeitig müssen aber auch folgende Bedingungen erfüllt sein: man darf über keine Möglichkeit verfügen, das Wasser aufzuwärmen, selbst wenn man Geld dafür zahlen müsste, und es muss unmöglich sein, ein Bad aufzusuchen.

- Wenn sich Wasser in der Nähe befindet, man aber um sich selbst, seine Ehre, sein Vermögen oder um die Trennung von seinen (Reise-) Begleitern fürchtet oder einem ein Feind, den man zu fürchten hat, den Weg zum Wasser versperrt, gleichgültig, ob es sich bei diesem Feind um ein menschliches oder ein anderes Wesen handelt. Über dies kann der Tayammum angewendet werden, wenn man eingesperrt ist oder nicht an das Wasser herankommen kann, weil das Gerät dazu fehlt (z.B. Seil und Eimer bei einem Brunnen). In allen diesen Fällen bedeutet ja das Vorhandensein des Wassers soviel, als ob es nicht existiere. Ebenso ist es demjenigen gestattet, den Tayammum anzuwenden, der bei dem Versuch, sich Wasser zu verschaffen, befürchten muss, unschuldig in Verdacht zu geraten, eine unwürdige oder strafbare Handlung begangen zu haben, und dadurch an Ehre zu verlieren.
- Wenn man das Wasser gegenwärtig oder zukünftig für sich selbst oder für jemand anderen zum Trinken braucht, selbst wenn es sich dabei um einen Hund handeln sollte, der nicht bissig ist, oder wenn man es zum Brotbacken, zum Kochen oder zur Beseitigung einer Verunreinigung benötigt, bei deren Vorhandensein

man von Allāh (t) keine Nachsicht erwarten kann. In diesen Fällen wendet man den Tayammum an und spart das Wasser, das man bei sich hat.

- Wenn man in der Lage ist, Wasser zu verwenden, jedoch befürchtet, die Zeit für das Gebet könne ablaufen, solange man mit der rituellen Gebetswaschung (Wuḍūʾ) oder der Ganzwaschung (Ġusl) beschäftigt ist. Man wendet dann den Tayammum an und betet, ohne dass danach eine Wiederholung des Gebets nötig wäre.[30]

Der Erdboden, den man für den Tayammum verwendet:
Es ist erlaubt, den Tayammum mit reiner Erde durchzuführen und mit allem, was in seiner Art der Erde entspricht, wie Sand, gemäß dem Wort Allāhs, des Erhabenen, im Qurʾān (4:43)

﴿ فَتَيَمَّمُوا۟ صَعِيدًا طَيِّبًا ﴾

„... dann sucht sauberen Erdboden auf."

Die Sprachgelehrten stimmen darin überein, dass das Wort (Ṣaʿīd) »Erdboden« die Erdoberfläche bezeichnet, sei sie nun aus Erde oder einem anderen Material.

30 Vgl. As-Sayyid Sabiq: Fiqh-us-Sunna, S. 56 ff.

Die Art und Weise, wie der Tayammum durchgeführt wird:
Man fasst zuerst die Absicht (Niyya), den Tayammum auszuführen, wie man dies auch für den Wuḍūʾ oder das Gebet tut.
Dann spricht man die Basmala aus und klopft mit beiden Händen auf den reinen Erdboden.

Man reibt die beiden Hände kurz zusammen, um sie von den daran haftenden groben Partikeln zu befreien.

Daraufhin reibt man sich mit ihnen über das Gesicht und jeweils über die andere Hand bis zum Gelenk.

Es gibt hierzu keine zutreffendere und eindeutigere Beschreibung als die Überlieferung von ʿAmmār (r), der sagte:

«أَجْنَبْتُ فَلَمْ أُصِبْ الْمَاءَ، فَتَمَعَّكْتُ فِي الصَّعِيدِ وَصَلَّيْتُ، فَذَكَرْتُ ذَلِكَ لِلنَّبِيِّ – صلى الله عليه وسلم –، فَقَالَ: «إِنَّمَا كَانَ يَكْفِيكَ هَكَذَا» ، وَضَرَبَ النَّبِيُّ – صلى الله عليه وسلم – بِكَفَّيْهِ الْأَرْضَ وَنَفَخَ فِيهِمَا ثُمَّ مَسَحَ بِهِمَا وَجْهَهُ وَكَفَّيْهِ.»

„Ich bekam die große rituelle Unreinheit (Ǧanāba) und fand kein Wasser. Da wälzte ich mich auf der Erde und betete dann. Ich erzählte dem Propheten (a.s.s.) davon, und er sagte: »Es hätte dir genügt, mit deinen Handflächen auf die Erde zu klopfen, dann auf sie zu blasen und daraufhin mit ihnen über dein Gesicht und jeweils über die andere Hand bis zum Gelenk zu streichen.«“[31]

Aus dieser Überlieferung geht hervor, dass einmaliges Klopfen auf die Erde genügt, dass man (außer dem Streichen über das Gesicht) nur mit den Handflächen, jeweils über die gegenüberliegende Hand zu fahren braucht und dass es für denjenigen, der den Tayammum mit Erde ausführt, diese von seinen Handflächen abzuschütteln und darauf zu blasen, um nicht sein Gesicht staubig zu machen.

Die Dinge, die durch den Tayammum gestattet werden:
Der Tayammum ist ein Ersatz für den Wuḍūʾ und die Ganzwaschung (Ġusl). Daher wird durch ihn gestattet, was auch durch Wuḍūʾ und Ġusl gestattet wird, nämlich u.a.

31 Überliefert bei Ad-Dāraquṭnyy, Al-Buḫāryy und Muslim.

die Verrichtung des Gebets (Ṣalāh) und das Berühren des Qur᾿ān.
Der Eintritt der nächsten Gebetszeit annuliert nicht die Gültigkeit des Tayammum. So kann der Muslim mit dem Tayammum, wenn er ihn einmal durchgeführt hat, so viele Pflicht- und freiwillige Gebete verrichten, wie er will. Voraussetzung ist, dass er während dieses Zeitraums nichts tut, was seinen Tayammum aufhebt (siehe folgenden Abschnitt); es gilt hierbei gleichermaßen für den Tayammum das, was auch für den Wuḍū᾿ gilt.
Von Abu Ḏarr (r) wird überliefert, dass der Prophet (a.s.s.) sagte:

«إِنَّ الصَّعِيدَ الطَّيِّبَ طَهُورُ الْمُسْلِمِ وَإِنْ لَمْ يَجِدْ الْمَاءَ عَشْرَ سِنِينَ فَإِذَا وَجَدَ الْمَاءَ فَلْيُمِسَّهُ بَشَرَتَهُ فَإِنَّ ذَلِكَ خَيْرٌ.»

„Der saubere Erdboden ist reinigend für den Muslim, selbst wenn er zehn Jahre lang kein Wasser finden sollte. Doch wenn er es findet, dann soll es seine Haut berühren; denn das ist besser.“[32]

Die Dinge, die den Tayammum aufheben:
Alles, was den Wuḍū᾿ aufhebt (siehe rituelle Verunreinigung), hebt auch den Tayammum auf, da er der Ersatz für den Wuḍū᾿ ist.

32 Überliefert bei Aḥmad und At-Tirmiḏyy

Desgleichen hebt das Vorhandensein von Wasser, die Möglichkeit, es zu verwenden oder an es heranzukommen, den Tayammum auf, auch wenn dies zuerst nicht möglich oder das Wasser nicht vorhanden war. Hat man jedoch bereits das Gebet mit dem zuvor durchgeführten Tayammum verrichtet und findet daraufhin Wasser oder ist imstande, es zu verwenden, so ist es nicht nötig, das Gebet zu wiederholen, selbst wenn noch Zeit zu seiner erneuten Verrichtung vorhanden ist. Besteht jedoch die Gelegenheit, an Wasser zu gelangen, solange man sein Gebet noch nicht zu Ende gebracht hat, so wird damit die rituelle Reinheit aufgehoben. Man muss sich in diesem Fall mit Wasser erneut reinigen und dann das angefangene Gebet wiederholen.

d) Masḥ, das Überstreichen

Masḥ ist das gleichsam nur angedeutete Waschen eines bedeckten Körperteils durch Überstreichen mit nassen Fingern.

Der Masḥ kann beim Wuḍūʾ die Fußwaschung ersetzen. Nach der Lehre einiger Rechtsschulen darf man diese Art von Waschung nur bei einer bestimmten Art von »Unterschuhen« vornehmen: sie müssen so biegsam sein, dass man sie beim Gebet anbehalten kann; sie müssen die Füße bis über die Knöchel bedecken und sie müssen wasserundurchlässig sein. Anderen Rechtsschulen zufolge darf man den Masḥ auch über dicken Strümpfen anwenden. Der Masḥ wird durchgeführt, indem man anstelle der Fußwaschung beim Wuḍūʾ mit der nassen Hand über den

Schuh bzw. Strumpf von den Zehen über den Spann bis zur Fußbeuge streicht.
Unter der Voraussetzung, dass man die Schuhe bzw. Strümpfe im Zustand ritueller Reinheit nach einer vollständigen Waschung angezogen hat, kann man 24 Stunden hindurch bei jeder Waschung den Masḥ vollziehen, als Reisender sogar drei Tage bzw. 72 Stunden lang. Die Frist beginnt nach der ersten Annulierung der rituellen Gebetswaschung, nachdem man die »Unterschuhe« angezogen hat.
Ist jemand verletzt oder hat sich einen Knochen gebrochen, so dass ein Verband oder eine Schiene angelegt werden muss, so fährt der Betroffene mit der nassen Hand über den Verband oder die Schiene, ohne dass dabei das Wasser mit dem verletzten Körperteil in Berührung kommt. Ebenso legt man einen Verband an und streicht darüber, wenn sich eine Berührung der Wunde mit Wasser schädlich auf den Gesundheitszustand des Betroffenen auswirken würde. Dabei ist es unwichtig, ob der Körperteil, an den der Verband oder die Schiene angelegt wird, vorher rituell rein war. Desgleichen gibt es keine zeitliche Beschränkung für das Streichen über den Verband oder die Schiene, solange deren Vorhandensein notwendig ist. Die so erlangte rituelle Reinheit wird durch die Dinge aufgehoben, die den Wuḍūʾ und den Tayammum aufheben, hier speziell aber auch durch die Entfernung des Verbandes oder der Schiene.

e) Rituelle Verunreinigung

Der Zustand der rituellen Reinheit (Ṭuhūr) wird beendet durch die rituelle Verunreinigung, sodass für das nächste Gebet eine erneute rituelle Waschung erforderlich wird. In einigen Fällen wird die rituelle Reinheit durch den Wuḍūʾ[33] wiederhergestellt, in anderen Fällen wird der Ġusl[34] erforderlich.

Wuḍūʾ wird erforderlich nach:

- Verrichtung der Notdurft,
- Wasserlassen,
- Abgang von Winden,
- Schlaf,
- Ohnmacht.

Ein Arzt, der mit dem Blut eines Verletzten in Berührung kommt, oder eine Mutter, die ihr Kind wickelt, verlieren dadurch nicht ihre rituelle Reinheit.

Es ist Sunna, nach Benutzung der Toilette, sofern man die Möglichkeit dazu hat, entsprechende Körperstelle bzw. Körperstellen mit Wasser zu waschen - mit der linken Hand und mit fließendem Wasser - z.B. mit Hilfe eines Kännchens - erst vorn, dann hinten. Hatte man dazu keine Gelegenheit, muss man diese Waschung nach Möglichkeit vor dem eigentlichen Wuḍūʾ nachholen.

33 Siehe Abschnitt (a) dieses Kapitels

34 Siehe Abschnitt (b) dieses Kapitels

Besonderheiten:
Leidet man unter bestimmten Krankheiten, die gemäß den oben genannten Ursachen eine ständig rituelle Unreinheit verursachen, wie z.B. Nasenbluten, Urintröpfeln oder Darmfluss durch Versagen der Schließmuskeln usw., erreicht man durch den Wuḍūʾ ebenfalls rituelle Reinheit. Man muss jedoch vor dem nächsten Gebet auf jeden Fall eine erneute Waschung vornehmen. Dasselbe gilt für Frauen, wenn Blutungen außerhalb der Menstruation oder des Wochenbetts auftreten.
Ġusl wird erforderlich nach:

- Geschlechtsverkehr (Ǧanāba),
- Samenerguss (Ǧanāba),
- Abklingen der Menstruation,
- Beendigung des Wochenbetts,
- Tod,
- Waschung eines Leichnams (nur bei manchen Rechtsschulen).

Außerdem wird der Ġusl denjenigen empfohlen, die neu zum Islam übertreten.

2. Rituelle Reinheit der Kleidung und Bedeckung der Blöße

Diese sind die zweite Vorbedingung für die Gültigkeit des Gebets. Rituelle Reinheit der Kleidung bedeutet, dass sie (im Normalfall) frei sein muss von Flecken durch unreine menschliche oder tierische Ausscheidungen.

Eine Verschmutzung durch Staub oder Flecken bewirkt zwar keine rituelle Unreinheit der Kleidung, soll aber nach Möglichkeit vermieden werden; denn es ist Sunna, dass auch die Oberbekleidung immer sauber und gepflegt ist.

Bedeckung der Blöße bedeutet, dass der Mann nach überwiegender Meinung zumindest vom Nabel bis zu den Knien bedeckt sein muss.

Im Normalfall sollte er im umgangssprachlichen Sinne vollständig bekleidet sein, und zwar so, dass die Kleidung zwischen Taille und Knien nicht zu eng ist.

Bei der Frau muss der ganze Körper außer den Händen und dem Gesicht bedeckt sein, und zwar so, dass die Körperformen tatsächlich verhüllt sind.

Empfehlenswert ist, beim Gebet einen großen Überwurf o.ä. zu tragen, der vom Kopf über den gesamten Oberkörper hinabreicht.

3. Rituelle Reinheit des Gebetsplatzes

Diese ist die dritte Voraussetzung für die Gültigkeit des Gebets. Es bedeutet, dass der Gebetsplatz rein sein muss von Verschmutzungen durch menschliche und tierische Ausscheidungen, gleich welcher Art.

Darüber hinaus sollte auch der Gebetsplatz im umgangssprachlichen Sinne sauber sein, sei es in einem Raum oder unter freiem Himmel. Dies erreicht man z.B. dadurch, dass man das Gebet auf einer sauberen Unterlage (einem Gebetsteppich, einem Mantel o.ä.) verrichtet.

4. Einnahme der Gebetsrichtung (Qibla)

Die vierte Vorbedingung für die Gültigkeit des Gebets ist das Einnehmen der Gebetsrichtung nach der Kaʿba in Makka.

Im Qurʾān (2:150) heißt es:

﴿وَحَيْثُ مَا كُنتُمْ فَوَلُّوا۟ وُجُوهَكُمْ شَطْرَهُۥ﴾

„Und wo immer ihr auch seid, wendet eure Gesichter in ihre Richtung (der heiligen Moschee)."

Die Kaʿba wurde von Abraham (a.s.) und seinem Sohn Ismael (a.s.) auf den damals bereits vorhandenen Fundamenten aufgebaut - sie beide beteten zu Allāh, dem Einen und Einzigen Gott, Der von den heutigen Muslimen verehrt wird.

Wer die Qibla nicht genau kennt und später feststellt, dass die Gebetsrichtung falsch gewählt war, braucht die verrichteten Gebete nicht zu wiederholen. Voraussetzung ist aber immer, dass der Gläubige sich ernsthaft bemüht, die richtige Gebetsrichtung einzunehmen.

Hierzu lesen wir im Qurʾān (2:115):

﴿وَلِلَّهِ ٱلْمَشْرِقُ وَٱلْمَغْرِبُ ۚ فَأَيْنَمَا تُوَلُّوا۟ فَثَمَّ وَجْهُ ٱللَّهِ ۚ إِنَّ ٱللَّهَ وَٰسِعٌ عَلِيمٌ﴾

„Und Allāh gehört der Osten und der Westen; wo immer ihr euch also hinwendet, dort ist das Antlitz Allāhs. Wahrlich, Allāh ist Allumfassend, Allwissend."

Diese einheitliche Form der Gottesanbetung, auf einen zentralen Ort hin gerichtet, kennzeichnet die Einheit der Gläubigen als Gemeinschaft und ist somit ein verbindender Faktor im Islam.

Die Kaʿba in Makka, die fast ständig von Gläubigen in einem bestimmten Zeremoniell gegen den Uhrzeigersinn umlaufen wird, wird durch diese Kreisbewegung der Gläubigen gewissermaßen zu einem Zentrum, um das sich die gesamte islamische Welt dreht.

5. Einhalten der Gebetszeiten

Die vorgeschriebenen Gebetszeiten kennen wir neben mehreren Hinweisen im Qur'ān auch detailliert aus dem sogenannten »Ḥadīṯ-Ğibrīl«, nach dem der Erzengel Gabriel (a.s.)[35] mit dem Propheten Muḥammad (a.s.s.) an zwei aufeinanderfolgenden Tagen zusammentraf und ihm am ersten Tag die Anfangszeiten der jeweiligen Gebete und am zweiten Tag deren Endzeiten erklärte.[36] Danach sind die Gebetszeiten wie folgt festgesetzt:

(1) für das Fağr- bzw. Ṣubḥ-Gebet: صلاة الفجر
vom Beginn der Morgendämmerung bis zum Sonnenaufgang,

(2) für das Ẓuhr-Gebet: صلاة الظهر
vom Beginn des Niedergangs der Sonne nach dem Überschreiten des Zenits bis kurz vor dem Zeitpunkt, in dem der Schatten eines Objektes die gleiche Länge hat wie das Objekt selbst zuzüglich des Schattens den das Objekt anfangs des Zenits schon hatte,

(3) für das ʿAṣr-Gebet: صلاة العصر
vom Zeitpunkt, in dem der Schatten eines Objekts die gleiche Länge wie das Objekt selbst hat, zuzüglich des Schattens den das Objekt anfangs des Zenits schon hatte, bis zum Sonnenuntergang,[37]

---

35 Arab.: Ğibrīl

36 Überliefert bei Al-Buḫāryy, Aḥmad, An-Nasā'yy und At-Tirmiḏyy.

37 Diese Beschreibung trifft nur für südliche Breiten zu. Für das Gebiet in Europa verweisen wir auf den »Kalender der Gebetszeiten«, der bei den islamischen Zentren und in den Moscheen erhältlich ist.

(4) für das Maġrib-Gebet: صلاة المغرب
vom vollständigen Sonnenuntergang bis zum Ende der Abenddämmerung,
(5) für das ʿIšāʾ-Gebet: صلاة العشاء
vom Verschwinden der Abenddämmerung und endet um Mitternacht.[38]

Diese Zeiten müssen unbedingt eingehalten werden, es dürfen also in der Regel keine Gebete vorgezogen oder später verrichtet werden. Wird ein Gebet vor Eintritt der dafür vorgesehenen Zeit verrichtet, so ist es normalerweise ungültig. Es ist erwünscht, die Gebete, insbesondere das Abendgebet (Maġrib), zu Beginn der jeweiligen Gebetszeiten zu verrichten (vgl. hierzu die Bestimmung über das »Zusammenfassen zweier Gebete« im Abschnitt »Das Gebet des Reisenden«).
Jeder Tag beginnt also mit einem Gebet und wird auch mit einem Gebet beendet. So wird dem Gläubigen Gelegenheit gegeben, bei Tagesbeginn Trost und Stärkung zu erflehen und am Tagesende um Vergebung für die begangenen Übeltaten zu bitten und für alles zu danken, was der Tag an Gutem gebracht hat.

Verbotszeiten

Neben den genannten Zeiten, in denen die entsprechenden Gebete verrichtet werden müssen, gibt es aber auch Zeiten,

38 Mit Mitternacht ist die Mitte der Zeitspanne zwischen Magrib und Fajr gemeint.

in denen nicht gebetet werden darf. Diese Zeiten sind uns in verschiedenen Ḥadīṯen überliefert:

1. nach dem Verrichten des Faǧr-Gebets bis zum Sonnenaufgang,
2. bei Sonnenaufgang,
3. zu dem Zeitpunkt, an dem die Sonne direkt im Zenit steht,
4. nach dem ʿAṣr-Gebet bis zum Sonnenuntergang,
5. während des Sonnenuntergangs.

Nachzuholende Farḍ-Gebete, z.B. verschlafene und vergessene, sind von dieser Regelung nicht betroffen. D.h., sie müssen nach dem Erinnern sofort verrichtet werden, und sei es auch in den genannten an sich verbotenen Zeiten.

Hinsichtlich der Nāfila-Gebete gibt es in diesem Zusammenhang zwei Hauptmeinungen: Der Gelehrte Aḥmad Ibn Ḥambal sagt, dass während der genannten Verbotszeiten keine Nāfila-Gebete verrichtet werden dürfen, da in diesen Zeiten ein allgemeines Verbot für diese Gebete bestehe. Dagegen ist der Gelehrte Aš-Šāfiʿyy der Auffassung, dass Nāfila-Gebete, die einen besonderen Grund haben - wie z.B. das Gebet beim Betreten einer Moschee - auch während der Verbotszeiten verrichtet werden dürfen.
Hat man z.B. die Zeit für das Morgengebet versäumt, holt man vor dem nächsten Farḍ-Gebete auch das Nāfila-Gebet nach. Man muss dies tun, wenn man bereits die Absicht für ein bestimmtes Nāfila-Gebete gefast hatte, es dann jedoch

- aus welchem Grund auch immer - nicht mehr rechtzeitig verrichten konnte; denn das Fassen der Niyya zu einem Gebet ist ein Versprechen Allāh (t) gegenüber und muss natürlich eingehalten werden.

6. Absicht (Niyya) zum Gebet

Die zuvor gefasste Niyya, ein ganz bestimmtes Gebet verrichten zu wollen, ist die sechste Voraussetzung für dessen Gültigkeit.

Diese Absicht muss nicht mündlich geäußert werden, aber der Betende muss sich vor dem Gebet genau bewusst machen, welches Gebet er verrichten will, ob er z.B. beim Nachmittagsgebet zuerst ein Nāfila-Gebet verrichten oder gleich mit dem Farḍ-Gebet beginnen will.

D. Die Anzahl der Rakʿa in den einzelnen Gebeten

Die einzelnen fünf Farḍ-Gebete enthalten folgende Anzahl von Rakʿa:

Morgengebet (Faǧr):	2
Mittagsgebet (Ẓuhr):	4
Nachmittagsgebet (ʿAṣr):	4
Abendgebet (Maġrib):	3
Nachtgebet (ʿIšāʾ):	4

Ferner gibt es zehn Nāfila-Rakʿa, die als „Sunna muʾakkada“[39] genannt werden, weil der Prophet Muḥammad (a.s.s.) sie ständig verrichtet hat.

vor dem Fağr:	2
vor dem Ẓuhr:	2
nach dem Ẓuhr:	2
nach dem Maġrib:	2
nach dem ʿIšāʾ:	2

Außerdem gibt es Nāfila-Rakʿa, die als „Sunna ġair muʾakkada“ genannt werden, weil der Prophet (a.s.s.) diese gelegentlich verrichtet hat, und zwar zusätzlich zu den oben genannten:

vor und nach dem Ẓuhr: jeweils	2
vor dem ʿAṣr:	2 oder 4
nach dem Āḏān[40] zum Maġrib:	2
vor dem ʿIšāʾ:	2

Auf ein bestimmtes Nāfila-Gebet wird besonders nachdrücklich hingewiesen, nämlich auf das sogenannte »Witr-Gebet«[41], das aus einer ungeraden Anzahl von Rakʿa besteht. Das Verrichten des Witr-Gebets wird den Gläubigen nachhaltig empfohlen; es kommt dem Charakter der Farḍ-

39 Sayyid Sabiq: Fiqh As-Sunna, Beirut 1969, Bd. 1, Seite 187

40 Erster Gebetsruf

41 Siehe Kapitel K (1)

Gebete näher als dem der Nāfila-Gebete. Die Zeit des Witr-Gebets liegt zwischen dem ʿIšāʾ- und dem Faǧr-Gebet.[42]

E. Beschreibung des Farḍ- und Nāfila-Gebets

Die Gebete als Gebot sind in zahlreichen Qurʾān-Versen erwähnt, doch ist ihre Form dort nicht in allen Einzelheiten beschrieben.
Im Qurʾān finden sich jedoch die sechs elementaren Bestandteile des Farḍ-Gebets:
(1) Taḥrīm,
(2) Qurʾān-Rezitation,
(3) Rukūʿ,
(4) Suǧūd,
(5) Tašahhud,
(6) Taslīm bzw. Taḥlīl.
Die Beschreibung des Gebets finden wir in den Ḥadīṯen. Die Grundlage all dieser Bestimmungen und Richtlinien bildet der Ḥadīṯ des Propheten (a.s.s.), in dem er sagte:

«صَلُّوا كَمَا رَأَيْتُمُونِي أُصَلِّي.»

„Betet so, wie ihr mich beten saht.“[43]

---

42 vgl. Anhang über „Das Gebet in der Nacht (Tahaǧǧud)

43 Überliefert bei Al-Buḫāryy

Beim Einzelgebet spricht man nicht laut, aber man darf auch nicht nur in Gedanken sprechen, sondern Lippen und Zunge müssen bewegt werden.

Die Augen richtet man beim Gebet auf die Stelle, wo man bei der Niederwerfung mit der Stirn den Boden berühren wird; man soll also weder die Augen schließen noch den Blick zum Himmel erheben.

1. Taḥrīm

Nachdem man die im Kapitel C beschriebenen Vorbedingungen erfüllt hat, folgt die eigentliche Eröffnung des Gebets mit dem *„Takbir[44] at-taḥrīm"* (auch *„Takbīr al-Iḥrām"* genannt):

Man hebt seine beiden geöffneten Hände bis in Höhe der Ohren und sagt:

اللهُ أَكْبَرْ

Allāhu akbar.

Allāh ist größer.

44 Die Worte Allāhu akbar

Dabei soll auf der Brust die rechte Hand über die linke gelegt werden. Entweder so, dass die obere die untere bedeckt und dabei Daumen und Zeigefinger der rechten Hand das Handgelenk der linken umfassen, oder indem man einfach beide Hände übereinander legt.

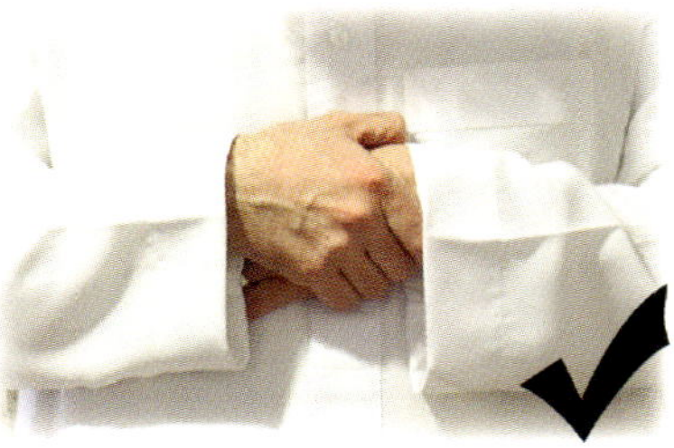

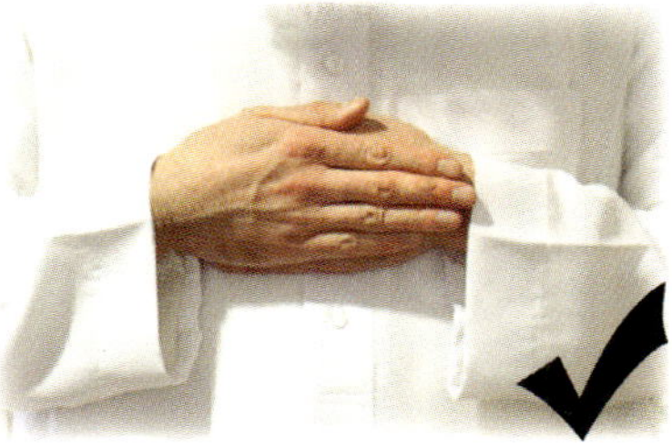

Der Gläubige hat damit seine Verbindung zur Außenwelt abgebrochen und befindet sich nun im Gespräch mit Allāh (t). Diesen Vorgang nennt man Taḥrīm. Von nun an muss der Betende alles vermeiden, was sein Gebet ungültig machen könnte.[45]

Dann spricht der Betende ein kurzes Lob- und Bittgebet, z.B. in der Form, wie es von ʿUmar (r) überliefert wird:[46]

سُبْحَانَكَ اللّٰهُمّ وَبِحَمْدِكَ، وَتَبَارَكَ اسْمُكَ،

وَتَعَالَى جَدُّكَ، وَلاَإِلَـه غَيْرُكَ

Subḥānaka-llāhumma wa bi-ḥamdika,
wa tabaraka-s-muka, wa taʿālā Ǧadduka,
wa lā ilāha ġairuk.
Gepriesen bist Du, o Allāh.
Und Dein ist das Lob, und gesegnet ist Dein Name,
und erhaben sind Deine Majestät und Größe.
Und kein Gott ist da außer Dir.

2. Qurʾān-Rezitation

Die beiden Rakʿa des Faǧr-Gebets sowie die beiden ersten Rakʿa des Maġrib- und des ʿIšāʾ-Gebets rezitiert der Betende laut, die restlichen und die des Ẓuhr- und ʿAṣr-Gebets jedoch alle lautlos. Daraufhin bittet man Allāh (t) um Schutz vor dem verfluchten Satan und sagt:

45 Siehe Kapitel F

46 Überliefert bei Muslim und Ad-Dāraquṭnyy

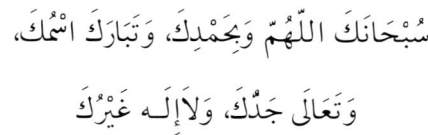

أَعُوذُ بِاللَّـهِ مِنَ الشَّيْطَانِ الرَّجِيم

Aʿuḏu billāhi mina-š-šaiṭāni-r-raǧīm.
Ich nehme meine Zuflucht bei Allāh
vor dem verfluchten Satan.[47]

Nun erfolgt die Qurʾān-Rezitation, und zwar mit der ersten Sura des Qurʾān, der Al-Fātiḥa (Die Eröffnende). Man beendet diese Sura mit der Schlussformel Āmīn (Amen).
Nach der Al-Fātiḥa rezitiert der Betende eine weitere Sura oder einige Verse einer Sura nach eigener Wahl.
Die Qurʾān-Rezitationen müssen in der Sprache des Qurʾān, also in arabischer Sprache, erfolgen.
An mehreren Stellen im Qurʾān[48] heißt es unmissverständlich, dass er in arabischer Sprache - nicht in irgendeiner anderen - von Allāh (t) offenbart worden ist. Die muslimischen Rechtsgelehrten sind sich darüber einig, dass der Qurʾān nur auf arabisch vorgetragen werden kann, da schon eine Übersetzung seiner Worte gemäß ihrer jeweiligen Bedeutung (der Qurʾān selbst kann nicht übersetzt werden) nicht der Qurʾān selbst ist und auch nicht als solcher bezeichnet werden darf.
Für neue Muslime, soll die Qurʾān-Rezitation in arabischer Sprache keine Schwierigkeit darstellen, da die Sura Al-Fātiḥa

47 Die Worte „Aʿūḏu billāhi mina-š-Šaiṭāni-r-raǧīm" zusammen mit der Basmala nennt man „Aʿūḏu-Basmala".

48 Diese sind: 12 (Yūsuf, Joseph): 2; 13 (Ar-Raʿd, Der Donner): 37; 16 (An-Naḥl, Die Bienen): 103; 20 (Ṭā Hā): 113; 26 (Aš-Šuʿarāʾ, Die Dichter): 195; 39 (Az-Zumar, Die Scharen): 28; 41 (Fuṣṣilat, Erklärt): 3, 44; 43 (Aẓ-Ẓuḫruf, Der Prunk): 7; 46 (Al-Aḥqāf, Die Sanddünen): 12.

und eine weitere kurze Sura durchaus innerhalb weniger Tage leicht auswendig zu lernen sind. Allāhs Lohn ist um so größer, je mehr man sich beim Sprechen der Gebetstexte mühen muss.
Die Rezitation des Qurʾān auf arabisch ist somit auch ein verbindendes Element für die Muslime aus aller Welt.

3. Rukūʿ [49]

Nach Beendigung der Qurʾān-Rezitation hebt der Betende, nach Anweisung einiger Rechtsschulen[50], seine Hände wie beim „Takbīr at-taḥrīm" und sagt:

اللَّـهُ أَكْبَر

Allāhu akbar.

49 Über diejenigen, die es ablehnen, sich vor Allāh (t) zu verneigen, sagt der Qurʾān: „Wehe an jenem Tag (des Jüngsten Gerichts) denen, die Unsere Botschaft für Lüge erklärten. Und wenn zu ihnen gesagt wird: »Verneigt euch (in Anbetung vor Allāh)«, verneigen sie sich nicht." (77:47-48).

50 Der ḥanafitischen Rechtsschule zufolge sagt er diese Worte, ohne dabei die Hände zu heben.

Dann beugt er seinen Oberkörper etwa um 90° nach vorn und kommt in gerader Stellung zur Ruhe, wobei er seine Hände auf die Knie legt.

Nun sagt er mindestens dreimal:

سُبْحَانَ رَبِّيَ الْعَظِيم

Subḥāna rabbiya-l-ʿAẓīm

Gepriesen sei mein Allmächtiger Herr.

Diese Körperbeugung wird »Rukūʿ« genannt.

Eigene Notizen

Indem er sich wieder aufrichtet und dabei die Hände wieder bis in die Höhe der Ohren hebt, spricht der Betende:

سَمِعَ اللّٰهُ لِمَنْ حَمِدَه

Samiʿa-llāhu li-man ḥamidah

Allāh hört den, der Ihn lobpreist.

Nach dem Aufrichten - diese Haltung wird Qiyām genannt - sagt man:

رَبَّنَا وَلَكَ الْحَمْد

Rabbanā wa laka-l-ḥamd

Unser Herr, und Dir gebührt alles Lob.

4. Suğūd[51]

Auf das Aufrechtstehen nach dem Rukūʿ folgt der Suğūd (die Niederwerfung), der ebenfalls durch die Worte

اللّٰهُ أَكْبَر

Allāhu akbar

eingeleitet wird, jedoch ohne Heben der Hände.

Hierbei berührt man beim Suğūd mit folgenden Körperteilen den Boden: mit Stirn, Nase, beiden Handflächen, wobei

51 Für diejenigen, die die Niederwerfung vor Allāh (t) im Diesseits ablehnen, beschreibt der Qurʾān (68:42-43) die Szene am Tage des Jüngsten Gerichts so: „Am Tage, wenn die Beine entblößt werden und sie aufgefordert werden, sich anbetend niederzuwerfen, werden sie es nicht können. Ihre Blicke werden niedergeschlagen sein, (und) Schande wird sie bedecken; denn sie waren (vergebens) aufgefordert worden, sich anbetend niederzuwerfen, damals als sie (noch) wohlbehalten waren."

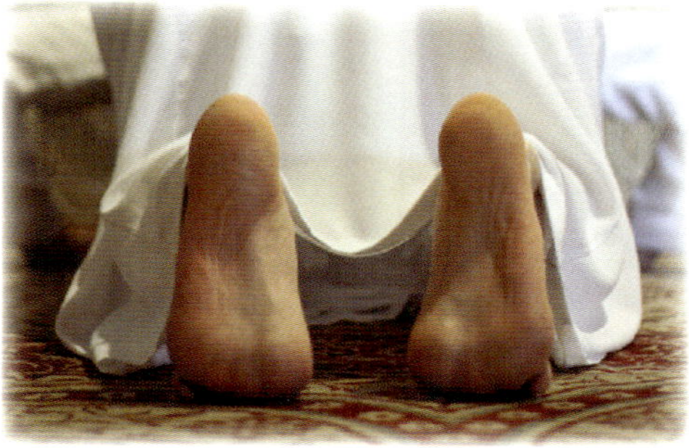

die Finger in die Gebetsrichtung zeigen, beiden Knien und den Zehen, die ebenfalls in Gebetsrichtung weisen. Nach einigen Überlieferungen sinkt man zuerst auf die Knie und berührt dann mit Händen und Stirn den Boden, nach anderen berühren die Hände vor den Knien den Boden. Die Stirn liegt zwischen beiden Händen, die Unterarme befinden sich nicht auf dem Boden, sondern sind nach oben angewinkelt; die Füße stehen aufrecht auf den Zehenspitzen. Der Oberkörper wird möglichst hoch vom Erdboden entfernt gehalten.

In dieser Körperhaltung sagt der Betende mindestens dreimal:

سُبْحَانَ رَبِّيَ الْأَعْلَى

Subḥāna rabbiya-l-Aʿlā

Gepriesen sei mein Allerhöchster Herr.

Im Suǧūd ist der Betende in seiner Demut und Anbetung Allāh (t) am nächsten.
Es ist Sunna, beim Suǧūd Allāh (t) zu preisen, Ihn um Vergebung zu bitten und sonstige Bittgebete (Duʿāʾ) zu sprechen, wie z.B. das folgende:

اللَّهُمَّ لَكَ سَجَدْتُ ، وَبِكَ آمَنْتُ ، وَلَكَ أَسْلَمْتُ ، سَجَدَ وَجْهِي لِلَّذِي خَلَقَهُ ، وَصَوَّرَهُ فَأَحْسَنَ صُورَتَهُ وَشَقَّ سَمْعَهُ وَبَصَرَهُ ، فَتَبَارَكَ اللَّهُ أَحْسَنُ الْخَالِقِينَ

Allāhumma laka saǧattu wa bika āmantu wa laka aslamt.
Saǧada waǧhī li-llaḏī ḫalaqahu wa-ṣau-warahu
fa aḥsana ṣū-ratah, wa šaqqa samʿahu wa baṣarah,
fa tabāraka-llāhu aḥsanu-l-Ḫāliqīn.
O Allāh. Vor Dir werfe ich mich nieder,
an Dich glaube ich, und Dir ergebe ich mich.
Mein Gesicht wirft sich nieder vor Dem,
Der es erschaffen und gestaltet hat. Er hat dabei seine Gestalt gut gemacht und ihm Gehör und Augen eingepflanzt.
Vollen Segens ist darum Allāh, der beste Schöpfer.[52]

Das mit dem Suǧūd verbundene Gefühl der Geborgenheit drückte sich in den Gebeten des Propheten Muḥammad (a.s.s.) dadurch aus, dass er zuweilen den Suǧūd so lange

52 Überliefert bei Muslim und Aḥmad

ausdehnte, dass die Menschen dachten, er sei eingeschlafen oder gar gestorben.

Nach dem Suǧūd nimmt der Betende eine sitzende Stellung ein und sagt dabei:

اللَّـهُ أَكْبَرُ

Allāhu akbar

Dann „sitzt" der Betende auf dem linken Fuß, der nun flach auf dem Boden liegt, während der rechte Fuß, möglichst auf die umgebogenen Zehen gestützt wird und in aufrechter Stellung verbleibt. Die Hände befinden sich auf den Oberschenkeln, wobei die Handflächen flach auf ihnen liegen.

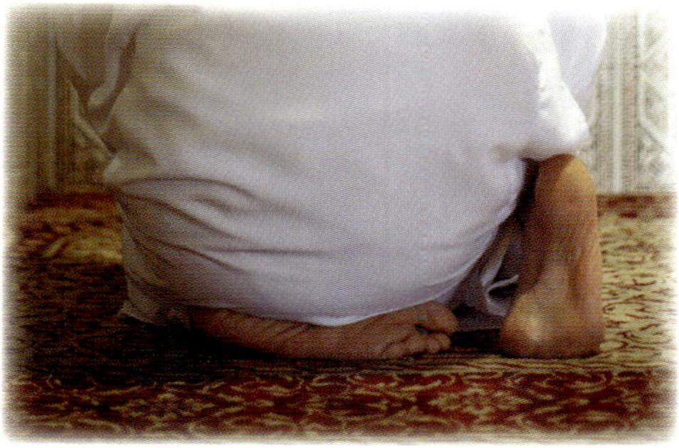

In dieser Haltung bittet man Allāh (t) um Vergebung mit den Worten:

رَبِّ اغْفِرْ لِي, رَبِّ اغْفِرْ لِي

Rabbi-ġfir lī, rabbi-ġfir lī.
Mein Herr, vergib mir (zweimal).

oder:

اللّٰهُـمَّ اغْفِـرْ لي وَارْحَمْـني وَاهْدِنـي وَاجْبُرْنـي وَعافِنـي وَارْزُقْنـي وَارْفَعْـني

Allāhumma-ġfir lī, war-ḥamnī, wah-dinī, wağ-Ğburnī , wa ʿā-finī, , war-zuqnī, war-rfa ʿnī.
O Allāh, vergib mir, erbarme Dich meiner, leite mich recht, verbessere meinen Zustand, versorge mich und erhöhe meine Rangstufen.[53]

Dem ersten Suǧūd folgt ein zweiter in derselben Weise wie der erste. Auch er wird von einem Takbīr, also mit den Worten

اللَّـهُ أَكْبَر

Allāhu akbar,

53 Überliefert bei At-Tirmiḏyy

eingeleitet.

Den Gebetsabschnitt vom Eröffnungs-Takbīr (Takbīr at-taḥrīm) bis nach dem zweiten Suǧūd nennt man Rakʿa.

Beim Aufstehen zur zweiten Rakʿa sagt man wieder die Worte des Takbīr:

اللَّـهُ أَكْبَر

Allāhu akbar,

jedoch ohne die Hände zu erheben.

Die zweite Rakʿa wird wie die erste ausgeführt, beginnt jedoch sofort mit der Qurʾān-Rezitation, also mit der Al-Fātiḥa.

Eigene Notizen

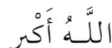

5. Tašahhud

Der erste Tašahhud

Nach dem zweiten Suǧūd der zweiten Rakʿa nimmt man dieselbe sitzende Stellung wie zwischen den beiden Suǧūd ein und spricht den Tašahhud. Er lautet:

التَّحِيَّاتُ لِلَّـهِ وَالصَّلَوَاتُ وَالطَّيِّبَات

السَّلَامُ عَلَيْكَ أَيُّهَا النَّبِيُّ وَرَحْمَةُ اللَّـهِ وَبَرَكَاتُه

السَّلَامُ عَلَيْنَا وَعَلَى عِبَادِ اللَّـهِ الصَّالِحِينَ،

أَشْهَدُ أَنْ لَا إِلَـهَ إِلَّا اللَّـه،

وَأَشْهَدُ أَنَّ مُحَمَّدًا عَبْدُهُ وَرَسُولُه

At-taḥi-yātu li-llāhi waṣ-ṣalāwātu waṭ-Ṭai-yibāt.
As-salāmu ʿalaika ai-yuha-n-nabyyu
wa raḥmatu-llāhi wa barakātuh.
As-salāmu ʿalainā wa ʿalā ʿibādi-llāhi-ṣ-ṣāliḥīn.
Ašhadu allā ilāha illa-llāh, wa ašhadu anna Muḥammadan
ʿabduhu wa rasūluh.

Alle Ehrerweisungen,
Gebete und guten Taten gebühren Allāh.
Der Friede sei auf dir, o Prophet,
und die Barmherzigkeit Allāhs und Sein Segen.
Der Friede sei auf uns
und auf den rechtschaffenen Dienern Allāhs.
Ich bezeuge, dass kein Gott da ist außer Allāh
und ich bezeuge, dass Muḥammad Sein Diener
und Gesandter ist.

Kommt man beim Tašahhud an die Worte
Ašhadu allā ilāha illa-llāh

so streckt man auf Anweisung einiger Rechtsschulen den Zeigefinger der rechten Hand nach oben; anderen zufolge bewegt man ihn während des ganzen Tašahhud auf und ab.[54]

Nach Gebeten, die aus mehr als zwei Rakʿa bestehen, erhebt sich der Betende nach diesem ersten Teil des Tašahhud und betet nach wie vor die restlichen Rakʿa. Dabei besteht die Qurʾān-Rezitation bei nur noch aus der Al-Fātiḥa.

Der letzte Tašahhud

Bei Gebeten, die aus zwei Rakʿa bestehen, schließt man dem oben beschriebenen ersten Teil des Tašahhud den folgenden zweiten Teil an:

اللّهُـمَّ صَلِّ عَلـى مُحَمَّـد وَعَلـى آلِ مُحَمَّد

كَمـا صَلَّيـتَ عَلـى إبْراهـيمَ وَعَلـى آلِ إبْراهـيم

إنَّكَ حَمـيدٌ مَجـيد

اللّهُـمَّ بارِكْ عَلـى مُحَمَّـد وَعَلـى آلِ مُحَمَّـد

كَمـا بارِكْتَ عَلـىإبْراهـيمَ وَعَلـى آلِ إبْراهيم

إنَّكَ حَمـيدٌ مَجـيد

Allāhumma ṣalli ʿalā Muḥammad
wa ʿalā āli Muḥammad,
kamā ṣalaita ʿalā Ibrāhīm wa ʿalā āli Ibrāhīm.

54 Nach einem Ḥadīṯ des Gesandten Allāhs (a.s.s.) soll diese Art Bestätigung der Einzigkeit Allāhs durch Fingerhaltung eine demonstrative Stärke gegen Satan bezeugen.

Innaka ḥamīdu-m-maǧīd.
Allāhumma bārik ʿalā Muḥammad
wa ʿalā āli Muḥammad,
kamā bārakta ʿalā Ibrāhīm wa ʿalā āli Ibrāhīm.
Innaka ḥamīdu-m-maǧīd.

O Allāh, schenke Muḥammad Heil und der Familie Muḥammads, so wie Du auch Abraham und der Familie Abrahams Heil geschenkt hast.
Du bist ja der zu Preisende, der Rühmenswerte.
O Allāh, segne Muḥammad und die Familie Muhammads,
so wie Du auch Abraham und die Familie Abrahams gesegnet hast.
Du bist ja der zu Preisende, der Rühmenswerte.

Nach diesen Worten können Bittgebete (Duʿāʾ) gesprochen werden, z.B.:

اللَّهُمَّ إِنِّي أَعُوذُ بِكَ مِنْ عَذَابِ الْقَبْرِ وَمِنْ عَذَابِ جَهَنَّمَ وَمِنْ فِتْنَةِ
الْمَحْيَا وَالْمَمَاتِ وَمِنْ شَرِّ فِتْنَةِ الْمَسِيحِ الدَّجَّالِ

Allāhumma innī ʾaʿūḏu bika min ʿaḏābi-l-qabr,
wa min ʿaḏābi-ǧahannam,
wa min fitnati-l-maḥyā wa-l-mamāt,
wa min šarri fitnati-l-masīḥi-d-daǧǧāl.

O Allāh. Ich suche Zuflucht bei Dir vor der Pein des Grabes, und vor der Pein der Hölle, und vor der

Versuchung des Lebens und des Sterbens, und vor dem Übel der Versuchung des falschen Messias.

اللَّهُمَّ إِنِّي ظَلَمْتُ نَفْسِي ظُلْمًا كَثِيرًا وَلَا يَغْفِرُ الذُّنُوبَ إِلَّا أَنْتَ
فَاغْفِرْ لِي مَغْفِرَةً مِنْ عِنْدِكَ وَارْحَمْنِي إِنَّك أَنْتَ الْغَفُورُ الرَّحِيمُ

Allāhumma innī ẓalamtu nafsī ẓulman kaṯīra,
wa lā yaġfiru-ḏ-ḏunūba illā ant,
faġ-fir lī maġfiratan min ʿindika war-ḥamnī,
innaka anta-l-ġafūru-r-raḥīm.

O Allāh. Ich habe mir selbst viel Unrecht angetan,
und niemand vergibt die Sünden außer Dir.
So vergib mir und mache die Vergebung
als eine Gabe von Dir; und erbarme Dich meiner.
Du bist wahrlich der Vergebende, der Barmherzige.[55]

Man darf jedoch auch frei nach Belieben Bittgebete sprechen.

Bei Gebeten mit mehr als zwei Rakʿa sitzt man nach dem letzten Suǧūd ebenfalls in der beschriebenen Weise und spricht beide Teile des Tašahhud.

55 Überliefert bei Al-Buḫāryy und Muslim

6. Taslīm bzw. Taḥlīl

Das Gebet wird beendet, indem man den Kopf zuerst nach rechts wendet und sagt:

السَّلَامُ عَلَيْكُمْ وَرَحْمَةُ اللّٰه

As-salāmu ʿalaikum
wa raḥmatu-llāh.

Friede sei auf euch und die Barmherzigkeit Allāhs

Dann wendet man den Kopf nach links und wiederholt denselben Satz:

As-salāmu ʿalaikum
wa raḥmatu-llāh.

Die Augen richtet man dabei auf die jeweilige Schulter.

Auf arabisch nennt man diesen Vorgang Taslīm (Gruß mit den Worten „*As-salāmu ʿalaikum wa raḥmatu-llāh*") oder auch Taḥlīl

(Auflösung, Freigabe), d.h man ist nun aus dem Gespräch mit Allāh (t) entlassen und kann nun wieder ganz den weltlichen Geschäften und Problemen nachgehen. Alle während des Gebets verbotenen Dinge[56], wie das Sprechen, sind wieder erlaubt.

Der »Verbotszustand«, der durch den *„Takbīr at-taḥrīm"* geschaffen wurde, ist damit aufgehoben.

Hat man beim Gebet einen Fehler gemacht oder ist man im Zweifel, ob man z.B. eine Rakʿa zuviel gebetet hat, führt man noch zwei zusätzliche Suğūd aus, die sogenannten Suğūdu-s-sahw (Suğūd der Vergesslichkeit).

Dabei gibt es zwei Möglichkeiten:

1. Vor dem Taslīm

Bei einer Verkürzung (An-Naqs) von einem Bestandteil des Gebetes aus Vergesslichkeit (außer Takbīr at-taḥrīm) und im Falle, dass der Betende Zweifel hat.

2. Nach dem Taslim:

Bei einer Zufügung (Az-Ziyāda) eines Bestandteiles des Gebetes aus Vergesslichkeit sowie auch bei einem Zweifel mit einer Vermutung.

Im Suğūd as-Sahw sagt man ebenfalls dreimal:

سُبْحَانَ رَبِّيَ الْأَعْلَى

---

56   Siehe unten Kapitel F.

Subḥāna rabbiya-l-aʿlā.
Gepriesen sei mein Allerhöchster Herr.

Nach dem Suǧūd as-Sahw spricht man den Taslīm aus:

السَّلَامُ عَلَيْكُمْ وَرَحْمَةُ اللَّه

As-salāmu ʿalaikum wa raḥmatu-llāh.
Friede sei auf euch und die Barmherzigkeit Allāhs

Handelt es sich bei dem Vergessenen um einen vorgeschriebenen Teil des Gebets, wie z.B. eine Rakʿa, so wird diese vor den beiden Suǧūd nachgeholt.[57]

Unabhängig davon bittet der Gläubige Allāh (t) nach dem Taslīm bzw. Taḥlīl um Vergebung mit den Worten:

أَسْتَغْفِرُ الله – أَسْتَغْفِرُ الله – أَسْتَغْفِرُ الله

Astaġfiru-llāh - Astaġfiru-llāh - Astaġfiru-llāh
Ich bitte Allāh um Vergebung (dreimal).

und sagt dann:

اللَّهُمَّ أَنْتَ السَّلَام ، وَمِنْكَ السَّلَام ، تَبَارَكْتَ يَا ذَا الْجَلَالِ وَالْإِكْرَام

57 Aufgrund der unterschiedlichen Fälle der Vergesslichkeit im Gebet, die den Rahmen dieses Buches sprengen würden, sei an dieser Stelle auf die Schrift von Al-ʿUṯaymīn „Wenn man im Gebet vergisst", IB Verlag Islamische Bibliothek verwiesen.

Allāhumma anta-s-salāmu wa-minka-s-salām;
tabārakta yā-ḏal-ǧalāli wal-ikrām
O Allāh. Du bist der Friede, und von Dir kommt der Friede. Gesegnet bist Du, Herr der Majestät und Ehre.[58]

Nun kann man eine bequeme Sitzhaltung einnehmen. Dann spricht man je dreiunddreißigmal die Worte:

سُبْحَانَ الله

الْحَمْدُ لِله

اللَّـهُ أَكْبَر

Subḥāna-llāh.
Al-ḥamdu li-llāh.
Allāhu akbar.
Gepriesen sei Allāh.
Alles Lob gebührt Allāh.
Allāh ist größer.

Dabei kann man die einzelnen Worte am besten mit den Fingergelenken abzählen.

58 Überliefert bei Muslim und anderen

Weitere Bittgebete können sich daran anschließen. Ein Ausspruch des Propheten, Allāhs Segen und Friede auf ihm, bestätigt dies:

«خَصْلَتَانِ أَوْ خَلَّتَانِ لَا يُحَافِظُ عَلَيْهِمَا عَبْدٌ مُسْلِمٌ إِلَّا دَخَلَ الْجَنَّةَ هُمَا يَسِيرٌ
وَمَنْ يَعْمَلُ بِهِمَا قَلِيلٌ يُسَبِّحُ فِي دُبُرِ كُلِّ صَلَاةٍ عَشْرًا وَيَحْمَدُ عَشْرًا وَيُكَبِّرُ
عَشْرًا فَذَلِكَ خَمْسُونَ وَمِائَةٌ بِاللِّسَانِ وَأَلْفٌ وَخَمْسُ مِائَةٍ فِي الْمِيزَانِ وَيُكَبِّرُ
أَرْبَعًا وَثَلَاثِينَ إِذَا أَخَذَ مَضْجَعَهُ وَيَحْمَدُ ثَلَاثًا وَثَلَاثِينَ وَيُسَبِّحُ ثَلَاثًا وَثَلَاثِينَ
فَذَلِكَ مِائَةٌ بِاللِّسَانِ وَأَلْفٌ فِي الْمِيزَانِ فَلَقَدْ رَأَيْتُ رَسُولَ اللَّهِ صَلَّى اللَّهُ عَلَيْهِ
وَسَلَّمَ يَعْقِدُهَا بِيَدِهِ قَالُوا يَا رَسُولَ اللَّهِ كَيْفَ هُمَا يَسِيرٌ وَمَنْ يَعْمَلُ بِهِمَا
قَلِيلٌ قَالَ يَأْتِي أَحَدَكُمْ يَعْنِي الشَّيْطَانَ فِي مَنَامِهِ فَيُنَوِّمُهُ قَبْلَ أَنْ يَقُولَهُ وَيَأْتِيهِ
فِي صَلَاتِهِ فَيُذَكِّرُهُ حَاجَةً قَبْلَ أَنْ يَقُولَهَا.»

„Es gibt zwei Eigenheiten, durch die ein Muslim, wenn er sie immer einhält, ins Paradies kommt. Sie sind leicht, doch wenige sind es, die sich an sie halten: Man spricht nach jedem (Pflicht-) Gebet zehnmal „Subḥāna-llāh", zehnmal „Alḥamdu lillāh" und zehnmal „Allāhu akbar"; das sind 150 mal mit der Zunge und 1500 in der Waage. Wenn man sich zum Schlafen legt, dann spricht man „Subḥāna-llāh" und „Alḥamdu lillāh" je 33mal und „Allāhu akbar" 34mal; das sind 100 mit der Zunge und 1000 in der Waage. Ich sah, wie der Gesandte Allāhs sie an den Gliedern der Finger abgezählt hat."

Jemand fragte:
„Warum sind sie leicht und doch halten es nur wenige ein?“, worauf der Gesandte Allāhs fortfuhr:
„Wenn er sich zum Schlafen hinlegt, kommt Satan zu ihm und lässt ihn einschlafen, bevor er die Worte spricht. Und wenn jemand von euch mit seinem Gebet fertig ist, kommt Satan zu ihm und lässt ihn an dies und jenes denken, ohne diese Worte zu sprechen.“[59]

Andacht und Bittgebete nach dem Taslīm

Es ist Sunna, nach dem Gebet einige Zeit in Andacht sitzen zu bleiben und Bittgebete zu sprechen, die man selbst mit eigenen Worten formulieren darf. Es gibt aber im Qur᾽ān und in der Sunna zahlreiche Bittgebete, die man in ihrer Faszination nicht übertreffen kann; sie sind leicht auswendig zu lernen. Einige Beispiele davon befinden sich im Anhang.

59 Überliefert in den Sammlungen von Abū Dāwūd, At-Tirmiḏyy, Ibn Māǧa und Aḥmad Ibn Ḥambal.

F. Verbotenes und Verwerfliches während des Gebets

1. Verbotene Dinge

Einige Dinge sind während des Betens verboten und machen das Gebet ungültig. Dazu gehören:

- lautes Lachen,
- Fehlen der rituellen Reinheit,
- absichtliches Einnehmen einer falschen Gebetsrichtung,
- lautes Sprechen von Worten, die nicht zum Gebet gehören,
- absichtliches Auslassen von vorgeschriebenen Teilen des Gebets,
- absichtliches Essen und Trinken,
- umfangreiche Bewegungen, die nicht zu den vorgeschriebenen gehören, außer bei unmittelbarer Gefahr.

2. Verwerfliche Dinge

Ferner gibt es verwerfliche Dinge, die man während des Gebets unterlassen soll, die es aber nicht ungültig machen. Dazu gehören:

- geringfügige Bewegungen wie Bartstreichen oder Zurechtrücken der Kleidung,
- das platzieren der Hände an die Hüften,
- hungrig oder durstig zu beten, wenn Essen und Getränk bereits zur Verfügung steht,
- den Blick zum Himmel zu erheben, anstatt ihn in Demut auf die Stelle zu richten, wo man sich niederwirft,
- die Augen zu schließen,

- bei Schläfrigkeit,
- den Mund mit einem Tuch oder dergleichen zu bedecken,
- in der Moschee beharrlich an der gleichen Stelle das Gebet zu verrichten (außer der Imam),
- wenn man es nötig hat zu urinieren oder die Notdurft zu verrichten.

Es ist immer zu bedenken, dass zu einem Gebet unbedingte Konzentration und Demut gehören. Dazu heißt es im Qurʾān[60]:

﴿ قَدْ أَفْلَحَ ٱلْمُؤْمِنُونَ ﴿١﴾ ٱلَّذِينَ هُمْ فِي صَلَاتِهِمْ خَٰشِعُونَ ﴾

„Erfolgreich sind die Gläubigen, die in ihrem Gebet demütig sind."

Auch der Gesandte Allāhs hat seine Gefährten dazu angehalten, das Gebet voller Demut und Ruhe zu verrichten. Wie uns Abu Huraira (r) berichtete, hatte der Prophet (a.s.s.) ihm verboten, im Gebet wie ein Hahn zu »picken« (d.h., den Kopf voller Hast aus dem Suǧūd zu erheben und ihn, ohne einen Moment stillzusitzen, sofort wieder zum zweiten Suǧūd zu senken, um ihn dann gleich wieder daraus zu erheben), sich wie ein Fuchs nach rechts und links umzublicken und wie ein Affe dazusitzen.[61]

---

60 Sura 23 (Al-Muʾminūn, Die Gläubigen): 1, 2

61 Überliefert bei Aṭ-Ṭayālisyy und Aḥmad

Der Prophet (a.s.s.) pflegte es »Diebstahl am Gebet« zu nennen, wenn man es nicht voller Konzentration exakt ausführt.[62] Man soll so beten, als ob man Allāh (t) vor sich sehe; kann man Ihn auch nicht sehen, so sieht Er einen doch.

G. Das Gemeinschaftsgebet

Das Gebet in der Gemeinschaft ist wertvoller als das Einzelgebet. Einige Gelehrte schreiben dem Gemeinschaftsgebet sogar Pflichtcharakter zu; nach allgemeiner, überwiegender Auffassung ist sie jedoch eine bestätigte Sunna (*sunna muʾakkada*).
Als Beweis für den Vorzug des Gemeinschaftsgebets gilt der folgende Ḥadīṯ:

»صَلاَةُ الْجَمَاعَةِ تَفْضُلُ صَلاَةَ الْفَذِّ بِسَبْعٍ وَعِشْرِينَ دَرَجَةً.«

„Das Gemeinschaftsgebet ist siebenundzwanzigmal besser als das Gebet des einzelnen.“[63]

Deswegen sollte man seine Gebete so oft wie möglich in der Gemeinschaft verrichten.
Unter »Gebet« sind in diesem Zusammenhang jedoch nur die fünf Farḍ-Gebete gemeint und nicht die Nāfila-Gebete. Letztere soll man nach Möglichkeit zu Hause und nicht

62 Nach Ibn Abi Šaiba, Aṭ-Ṭabarānyy und Al-Ḥākim.

63 Überliefert bei Al-Buḫāryy und Muslim

in der Moschee beten. Der folgende Ḥadīṯ weist eindeutig darauf hin:

»فَإِنَّ أَفْضَلَ صَلَاةِ الْمَرْءِ فِي بَيْتِهِ إِلَّا الصَّلَاةَ الْمَكْتُوبَةَ.«

„Das beste Gebet eines Mannes ist das in seinem Haus, mit Ausnahme der fünf vorgeschriebenen Gebete."[64]

Man spricht bereits dann von »Gemeinschaftsgebet«, wenn zwei Gläubige zusammen beten.

1. Erster Gebetsruf (Āḏān)

Durch den Āḏān wird verkündet, dass die jeweilige Gebetszeit angebrochen ist. Der Gesandte Allāhs (a.s.s.) hat den Āḏān im ersten Jahr der Hiğra[65] eingeführt.

Der Gebetsruf soll langsam, deutlich, würdevoll und mit lauter Stimme ausgeführt, jedoch nicht gesungen werden.

64 Überliefert bei Al-Buḫāryy

65 Die Hiğra, die Auswanderung des Propheten (a.s.s.) von Makka nach Al-Madīna, ist der Beginn der islamischen Zeitrechnung (1 n.H. = 622 n. Chr.)

Er hat folgenden Wortlaut:

اللّـهُ أَكْبر

Allāhu akbar.
Allāh ist größer (viermal).

أَشْهَدُ أَنْ لَا إِلـهَ إِلَّا اللّـه

Ašhadu allā ilāha illa-llāh.
Ich bezeuge,
dass kein Gott da ist außer Allāh (zweimal).

أَشْهَدُ أَنَّ مُحَمَّدًا رَسُولُ اللّـه

Ašhadu anna Muḥammada-r-rasūlu-llāh.
Ich bezeuge, dass Muḥammad
der Gesandte Allāhs ist (zweimal).

حَيَّ عَلَى الصَّلَاة

Ḥayya ʿala-ṣ-Ṣalāh.
Kommt her zum Gebet (zweimal).

حَيَّ عَلَى الْفَلَاح

Ḥayya ʿala-l-falāḥ.
Kommt her zum Erfolg (zweimal).

(Nur beim Fağr-Gebet:)

الصَّلَاةُ خَيْرٌ مِنَ النَّوْم

Aṣ-Ṣalātu ḫairum-mina-n-naum.

Beten ist besser als Schlafen (zweimal).

اللّـهُ أَكْبر

Allāhu akbar.

Allāh ist größer (zweimal).

لَا إِلَـهَ إِلَّا اللّـه

Lā ilāha illa-llāh.

Kein Gott ist da außer Allāh (einmal).

Die Worte des Āḏān sprechen bereits den Grundinhalt des islamischen Glaubens und die Grundanliegen des Gebets an. Der Muslim soll deshalb dem Āḏān mit Aufmerksamkeit und Andacht zuhören und auch die Worte des Gebetsrufers (Muʾaḏḏin) leise wiederholen.

Nach den Worten „Ḥayya ʿala-ṣ-Ṣalāh" und „Ḥayya ʿala-l-falāḥ" sagt der Zuhörende:

لَا حَوْلَ وَلَا قُوَّةَ إِلَّا بِاللّـه

Lā ḥaula walā quwata illā billāh.

Es gibt keine Macht und keine Kraft außer durch Allāh.

Wenn man beim Āḏān zum Faǧr-Gebet die Worte „Aṣ-Ṣalātu ḫairum-mina-n-naum“ hört, sagt man:

صَدَقْتَ وَبَرَرْتَ

Ṣadaqta wa bararta

du hast die Wahrheit gesagt und gehorcht.

Nach dem Āḏān soll der Muslim den Segen Allāhs für den Propheten Muḥammad (a.s.s.) erbitten, z.B. mit den Worten:

اللهُمّ صَلِّ عَلَى مُحَمَّد وَعَلَى آلِهِ وَصَحْبِهِ وَسَلِّم

Allāhumma ṣalli ʿalā Muḥammad
wa ʿalā ālihi wa ṣaḥbihi wa sallim.

O Allāh! Segne Muḥammad, seine Familie
und seine Gefährten und gib ihnen Frieden.

Der bekannte Duʿāʾ, der nach jedem Gebetsruf ausgesprochen wird, lautet nach der Lehre des Gesandten Allāhs (a.s.s.) wie folgt:

اللَّهُمَّ رَبَّ هَذِهِ الدَّعْوَةِ التَّامَّةِ وَالصَّلَاةِ الْقَائِمَةِ آتِ مُحَمَّدًا الْوَسِيلَةَ وَالْفَضِيلَةَ وَابْعَثْهُ مَقَامًا مَحْمُودًا الَّذِي وَعَدْتَهُ إِنَّكَ لا تُخْلِفُ المِيعَاد

Allāhumma rabba hāḏihi-d-daʿwati-t-tāmma,

waṣ-ṣalāti-l-qā ͗ima, āti Muḥammdan al-wasīlata wal-faḍīla;
wab ͑aṯhu maqāmam-maḥmūdan allaḏī wa ͑attah;
innaka lā tuḫlifu-l-mī ͑ād.
O Allāh, Herr dieses vollkommenen Glaubens
und dieses immerwährenden Gebets,
gib Muḥammad die Rangstellung im Paradies und die
Gnadenfülle und erwecke ihn (am Tage des Jüngsten
Gerichts) zu der ruhmvollen Stellung,
die Du ihm zugesprochen hast,
denn Du bist wahrlich Der, Der Sein Versprechen nicht
bricht.

Mit dem Āḏān wird zwar zur Vorbereitung zum Gebet aufgerufen, er selbst ist aber kein Bestandteil des Gebets. Der Gebetsrufer braucht zwar während des Āḏān nicht im Zustand der rituellen Reinheit zu sein, sollte aber aus Liebe zur Lobpreisung Allāhs diesen Zustand anstreben.
Da das Rufen des Āḏān wegen der genauen Einhaltung der Gebetszeiten eine Vertrauenssache ist, muss der Gebetsrufer eine vertrauenswürdige und verantwortungsbewusste Person sein.

2. Betreten der Moschee

Beim Betreten der Moschee spricht man einen Du͑ā͗ aus, z.B.:

اللّٰهُـمَّ افْتَـحْ لي أَبْواب رَحْمَتِـك

Allāhumma-f-taḥ lī abwāba raḥmatik.

O Allāh, öffne uns die Tore Deiner Barmherzigkeit.

Wer zum Gebet in die Moschee geht, soll dies mit Ruhe und in normalem Schrittempo tun und auch nicht hasten, wenn er unterwegs den Āḏān hört. Entsprechend heißt es in einem Ḥadīṯ:
„Wenn ihr den Gebetsruf hört, geht zum Gebet; und euch obliegen Ruhe und Würde, und hastet nicht. Was ihr erreicht, das betet, und was ihr versäumt, das vervollständigt selbst.“[66]
Die Moschee soll man mit dem rechten Fuß zuerst betreten und mit dem linken verlassen.
Will man sich in der Moschee niederlassen, so betet man zuvor zwei Rakʿa, gemäß dem Ḥadīṯ:

«إِذَا دَخَلَ أَحَدُكُمُ الْمَسْجِدَ فَلْيَرْكَعْ رَكْعَتَيْنِ قَبْلَ أَنْ يَجْلِسَ».

„Wenn jemand von euch die Moschee betritt, so soll er zwei Rakʿa beten, bevor er sich setzt.“[67]

3. Begrenzung des Gebetsplatzes (Sutra)

An das Kopfende seines Gebetsplatzes soll der Betende einen gut sichtbaren Gegenstand stellen oder vor einer Wand oder Säule oder dergleichen beten, damit andere um den Gebetsplatz einen Bogen machen können und somit

66 Überliefert bei Al-Baihaqyy, Muslim und anderen
67 Überliefert bei Al-Buḫāryy, Muslim und anderen

den Betenden nicht in seinem Gebetsablauf stören. Diesen begrenzenden Gegenstand nennt man „Sutra".
Gegebenenfalls muss der Betende durch Ausstrecken seines Armes verhindern, dass andere über seinen Gebetsplatz gehen. Es gilt als große Sünde für einen Nichtbetenden, vor einem Betenden innerhalb dessen gekennzeichneten Gebetsplatzes vorbeizugehen.
Im Gemeinschaftsgebet ist der Imām[68] die Sutra für alle Betenden, die hinter ihm stehen. In den meisten Moscheen wird die Qibla[69] durch die Gebetsnische (Miḥrāb) angezeigt.

4. Zweiter Gebetsruf (Iqāma)

Während der erste Gebetsruf, der Āḏān, lediglich anzeigt, dass die Zeit des Gebets angebrochen ist, bedeutet der zweite, die Iqāma, dass nunmehr die Verrichtung des Gebets beginnt.
Die Iqāma hat folgenden Wortlaut:

اللَّـهُ أَكْبَرْ، اللَّـهُ أَكْبَرْ

أَشْهَدُ أَنْ لَا إِلَـهَ إِلَّا اللَّـه

أَشْهَدُ أَنَّ مُحَمَّدًا رَسُولُ اللَّـه

حَيَّ عَلَى الصَّلَاة

68 Leiter des Gemeinschaftsgebets, Vorbeter

69 Siehe dazu Kapitel C (4)

حَيَّ عَلَى الْفَلَاح

قَدْ قَامَتِ الصَّلَاة، قَدْ قَامَتِ الصَّلَاة

اللّـهُ أَكْبَرْ، اللّـهُ أَكْبَرْ

لَا إِلَـهَ إِلَّا اللّـه

Allāhu akbar, Allāhu akbar
Ašhadu allā ilāha illa-llāh.
Ašhadu anna Muḥammada-r-rasūlu-llāh.
Ḥayya ʿala-ṣ-Ṣalāh.

Ḥayya ʿala-l-falāḥ.
Qad qāmati-ṣ-Ṣalāh, Qad qāmati-ṣ-Ṣalāh.
Allāhu akbar, Allāhu akbar.
Lā ilāha illa-llāh.

Allāh ist größer (zweimal).
Ich bezeuge, dass kein Gott da ist
außer Allāh (einmal).
Ich bezeuge, dass Muḥammad
der Gesandte Allāhs ist (einmal).
Kommt her zum Gebet (einmal).
Kommt her zum Erfolg (einmal).
Das Gebet beginnt. (zweimal)
Allāh ist größer (zweimal).
Kein Gott ist da außer Allāh (einmal).

Sobald die Iqāma ertönt, ist nur noch das Farḍ-Gebet erlaubt, d.h., nach der Iqāma beginnt man kein Nāfila-Gebet mehr. Entsprechend heißt es im folgenden Ḥadīṯ:

«إِذَا أُقِيمَتْ الصَّلَاةُ فَلَا صَلَاةَ إِلَّا الْمَكْتُوبَةُ.»

„Wenn zur Verrichtung des Gebets gerufen wird, gibt es kein Gebet außer dem Pflichtgebet."[70]

Wenn jemand bereits vor der Iqāma ein Nāfila-Gebet begonnen hat und vor seiner Beendigung die Iqāma hört, soll er sein Gebet mit dem Taslīm abbrechen, sofern sein Gebet sich nicht kurz vor der Beendigung befindet. Denn das verpflichtende Gemeinschaftsgebet hat stets Vorrang.

5. Aufstellung zum Gebet

Sobald die Gläubigen sehen, dass der Imām zum Gebet erscheint, oder sobald sie die Worte „Qad qāmati-ṣ-Ṣalāh" hören, kommen sie zusammen und stellen sich hinter dem Imām in Reihen auf, die parallel zur Qibla-Wand der Moschee verlaufen. Frauen beten in Reihen hinter den Männern. Kinder bilden hinter den Männern bzw. vor den Frauen eine eigenständige Reihe. Wenn nur zwei Gläubige beten, stellt sich der zweite an die rechte Seite des Imām und rückt etwa eine Fußlänge weit zurück (s. Nr. 8: Nachzügler beim Gemeinschaftsgebet). Bei der Reihenbildung achtet

70 Überliefert bei Muslim

man darauf, dass die Reihen gerade sind und die Gläubigen Schulter an Schulter und Fuß an Fuß stehen. Die Reihen sollen nach Möglichkeit geschlossen sein und werden von hinten her aufgefüllt. Hier kommt in eindrucksvoller Weise die Gleichheit aller Gläubigen zum Ausdruck. Menschen aller Rassen und sozialer Schichten stehen einträchtig neben- und hintereinander, um ihren gemeinsamen, einzigen Schöpfer verehrend anzubeten.

Die Absicht zum Gebet, die Niyya, braucht der Gläubige nicht mündlich zu äußern; es genügt, wenn er die Niyya für das jeweilige Gebet im Geiste erfasst. Damit bereitet er sich auf das persönliche Gespräch mit Allāh (t) vor.

6. Funktion des Imām beim Gemeinschaftsgebet

Der Vorbeter (Imām) leitet das Gemeinschaftsgebet. Imām soll derjenige sein, der aufgrund seiner Kenntnis von Qurʾān und Sunna am meisten dazu geeignet ist - und er soll eine wohlklingende Stimme haben.

Der Imām achtet vor Beginn des Gebets auch auf das Ausrichten der Reihen. Meist gibt er dem Gebetsrufer (Muʾaḏḏin) ein Zeichen, mit der Iqāma die Gläubigen zum Gemeinschaftsgebet zu rufen, wenn die Zeit dazu gekommen ist (einige Minuten nach dem Āḏān).

Während des Gebets müssen die Gläubigen dem Imām in allen Bewegungsabläufen folgen.

Sie dürfen also z.B. nicht vor dem Imām den Rukūʿ beginnen oder beenden oder sich aus dem Suǧūd früher als er erheben. So sagte der Gesandte Allāhs:

«أَمَا يَخْشَى أَحَدُكُمْ أَوْ لَا يَخْشَى أَحَدُكُمْ إِذَا رَفَعَ رَأْسَهُ قَبْلَ الْإِمَامِ أَنْ يَجْعَلَ اللَّهُ رَأْسَهُ رَأْسَ حِمَارٍ أَوْ يَجْعَلَ اللَّهُ صُورَتَهُ صُورَةَ حِمَارٍ.»

„Fürchtet denn keiner von euch, dass Allāh ihm den Kopf in einen Eselskopf verwandelt oder ihm die Gestalt eines Esels gibt, wenn er seinen Kopf vor dem des Imām erhebt?“[71]

Der Imām muss berücksichtigen, dass sich in der Gemeinschaft der Betenden möglicherweise alte Leute, Schwache, Frauen und Kinder befinden, und soll deshalb das Gebet nicht unnötig lange ausdehnen. Hierzu gibt es folgenden Ḥadīṯ, über den Abū Masʿūd Al-Anṣāryy berichtete:

«أَنَّ رَجُلًا أَتَى النَّبِيَّ صَلَّى اللَّهُ عَلَيْهِ وَسَلَّمَ فَقَالَ يَا رَسُولَ اللَّهِ إِنَّ فُلَانًا يُطِيلُ بِنَا الصَّلَاةَ حَتَّى إِنِّي لَأَتَأَخَّرُ فَغَضِبَ رَسُولُ اللَّهِ صَلَّى اللَّهُ عَلَيْهِ وَسَلَّمَ غَضَبًا مَا رَأَيْتُهُ غَضِبَ فِي مَوْعِظَةٍ فَقَالَ رَسُولُ اللَّهِ صَلَّى اللَّهُ عَلَيْهِ وَسَلَّمَ إِنَّ فِيكُمْ مُنَفِّرِينَ فَمَنْ أَمَّ قَوْمًا فَلْيُخَفِّفْ بِهِمُ الصَّلَاةَ فَإِنَّ وَرَاءَهُ الْكَبِيرَ وَالْمَرِيضَ وَذَا الْحَاجَةِ.»

„Ein Mann sagte:
»O Gesandter Allāhs, ich kann kaum das Gebet hinter dem Mann Soundso aushalten, weil er das Gebet übermäßig in die Länge zieht.«

71 Überliefert bei Al-Baihaqyy, Muslim und anderen

Niemals erlebte ich, dass der Prophet, Allāhs Segen und Friede auf ihm, in einer Anweisung so verärgert war, wie an jenem Tag; denn er sagte:
»O ihr Menschen, ihr seid abschreckend. Wer die Menschen im Gebet leitet, der soll es in erträglicher Weise tun; denn unter diesen befindet sich der Kranke, der Schwache und derjenige, der einiges zu erledigen hat.«"[72]
Wenn sich der Imām bei der lauten Qur'ān-Rezitation im Text irrt oder nicht mehr weiter weiß, muss ein hinter ihm Betender ihn korrigieren oder ihm weiterhelfen, indem er den richtigen Text laut spricht.[73]
Wenn der Imām etwas vergisst, z.B. eine Rak'a zu wenig oder zuviel betet, wird er durch den Zuruf „Subḥāna-llāh" (= gepriesen sei Allāh) darauf aufmerksam gemacht; Frauen sollen nicht rufen, sondern in die Hände klatschen. Auf jeden Fall ist dem Imām aber in allen Bewegungsabläufen Folge zu leisten.
Der Imām kann das Gebet für sich selbst abbrechen und seinen Platz verlassen, wenn er einen Entschuldigungsgrund hat, wie z.B. einen plötzlichen Anfall durch Krankheit, oder wenn er sich während des Gebets erinnert, dass er nicht die dazu nötige rituelle Reinheit besitzt. In diesem Falle wählt er rasch einen der Betenden (am besten in der vordersten Reihe) und schickt ihn (sei es durch ein Zeichen, oder durch

72 Überliefert bei Aḥmad

73 Diese Maßnahme gewährleistet eine ständige Überwachung der Unversehrtheit des Qur'ān durch die Gläubigen, wobei Allāh (t) mit den Worten des Qur'ān »Wir haben den Qur'ān herabgesandt, und Wir übernehmen seinen Schutz« (15:9) Selbst die Unversehrtheit des Qur'ān garantiert.

Worte oder indem er ihn bei der Hand nimmt) als Imām und seinen Stellvertreter vor die Reihen der Betenden, damit dieser mit ihnen das Gebet zu Ende führe, während er sich selbst zurückzieht.

7. Beschreibung des Gemeinschaftsgebets

Das Gemeinschaftsgebet wird in arabischer Sprache gehalten.[74] Es stimmt hinsichtlich der Reihenfolge der Gebetsteile, der entsprechenden Gebetstexte und der jeweiligen Körperhaltungen mit dem Einzelgebet überein.

Einige Teile spricht jedoch nur der Imām, die anderen Teile spricht jeder Betende für sich selbst, wobei wiederum gilt, dass auch bei lautlosem Sprechen Lippen und Zunge bewegt werden müssen.

Zusammenfassend kann man sagen, dass der Imām, abgesehen von den Qur᾿ān-Rezitationen, all das laut spricht, was notwendig ist, um den gleichzeitigen Bewegungsablauf der hinter ihm Betenden zu gewährleisten.

Dadurch, dass die Betenden jeweils auf das entsprechende »Signal« durch den Imām warten und ihm erst darauf in der Bewegung folgen, ergibt sich, dass die Bewegungen der Betenden erst nach den entsprechenden Bewegungen des Imām erfolgen.

---

74 Siehe dazu Kapitel E (2)

a) Taḥrīm

Nachdem man sich zum Gebet aufgestellt hat, eröffnet der Imām das Gebet, indem er laut den „Takbīr at-taḥrīm", also die Worte

اللّـهُ أَكْبر

Allāhu akbar,

spricht. Die übrigen Betenden wiederholen leise für sich dieselben Worte.

Das darauf folgende Lob- oder Bittgebet spricht jeder für sich allein:

سُبْحَانَكَ اللَّهُمَّ وَبِحَمْدِكَ وَتَبَارَكَ اسْمُكَ وَتَعَالَى جَدُّكَ وَلَا إِلَهَ غَيْرُكَ

Subḥānaka-llāhumma wa bi-ḥamdika,
wa tabaraka-s-muka, wa taʿālā Ğadduka,
wa lā ilāha ġairuk.

Gepriesen bist Du, o Allāh.
Und Dein ist das Lob, und gesegnet ist Dein Name,
und erhaben sind Deine Majestät und Größe.
Und kein Gott ist da außer Dir.

b) Qurʾān-Rezitation

Nun beginnt der Imām mit der Qurʾān-Rezitation.

Die beiden Rakʿa des Fağr-Gebets sowie die beiden ersten Rakʿa des Maġrib- und des ʿIšāʾ-Gebets rezitiert er laut, die restlichen und die des Ẓuhr- und ʿAṣr-Gebets jedoch alle lautlos (eine Ausnahme bildet nur das gemeinschaftliche

Freitagsgebet zur Ẓuhr-Zeit). Wird die Al-Fātiḥa laut rezitiert, sagt jeder Betende nach ihrer Beendigung laut „Āmīn".

Um den Nachzüglern Gelegenheit zu geben, sich noch bei der ersten Rakʿa anzuschließen, wird der Imām gemäß der Sunna des Propheten (a.s.s.) für die Qurʾān-Rezitation nach der Al-Fātiḥa in der ersten Rakʿa einen längeren Qurʾān-Abschnitt auswählen als in der zweiten, und in der zweiten ein Stück rezitieren, das in der qurʾānischen Reihenfolge auf das in der ersten Rakʿa rezitierte folgt.

Bei hörbaren Qurʾān-Rezitationen rezitiert der Imām in ruhiger und schöner Stimme und so deutlich, dass alle Betenden ihn hören können, jedoch nicht zu laut. Die Betenden sprechen nicht mit, sondern hören dem Imām andächtig zu und verfolgen die Rezitation aufmerksam, um den Imām, wie bereits erwähnt, auf eventuelle Fehler hinweisen zu können. Dies geschieht in der Weise, dass einer in der Nähe des Imām, der die Qurʾān-Verse gut kennt, das Fehlende rezitiert oder den Fehler im Satz durch Wiederholung korrigiert.

c) Rukūʿ

Nach Beendigung der Qurʾān-Rezitation hebt der Imām seine Hände wie beim „Takbīr at-taḥrīm"[75] und sagt laut:

75 Nach der ḥanafitischen Rechtsschule spricht man diesen Takbīr, ohne die Hände zu heben

اللّٰـهُ أَكْبَر

Allāhu akbar.

Allāh ist größer.

Die übrigen Betenden wiederholen diese Worte leise und beugen sich dann nach dem Imām in den Rukūʿ.
In dieser Haltung sagt jeder Betende mindestens dreimal leise für sich:

سُبْـحانَ رَبِّـيَ الْعَظـيم

subḥāna rabbiya-l-ʿAẓīm (dreimal).

Gepriesen sei mein Allmächtiger Herr (dreimal).

Nachdem der Imām laut

سَمِـعَ اللهُ لِمَـنْ حَمِـدَه

Samiʿa-llāhu li-man ḥamidah

Allāh hört den, der Ihn lobpreist

gesagt und sich wieder aufgerichtet hat, richten sich auch die übrigen Betenden wieder auf, wiederholen jedoch diese Worte nicht.
Nach dem Aufrichten spricht jeder leise für sich die Worte:

رَبَّنـا وَلَكَ الحَمْـدُ

Rabbanā wa-laka-l-ḥamd.

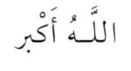

Unser Herr, und Dir gebührt alles Lob.

d) Suǧūd

Der Suǧūd wird vom Imām eingeleitet, indem er wiederum laut den Takbīr spricht, jedoch ohne die Hände zu heben. Die übrigen Betenden wiederholen wieder leise den Takbīr und vollziehen nach dem Imām den Suǧūd.
Beim Suǧūd spricht jeder dreimal für sich:

سُبْـحانَ رَبِّـيَ الأَعْلـى

Subḥāna rabbiya-l-aʿlā

Gepriesen sei mein Allerhöchster Herr

Auch beim Gemeinschaftsgebet kann man wie beim Einzelgebet im Suǧūd weitere „persönliche" Bittgebete leise sprechen, muss allerdings damit rechnen, dass sich der Imām aus dem Suǧūd erhebt, bevor man das Bittgebet beendet hat.
Nach einem lauten Takbīr des Imām wird der Suǧūd beendet. Indem die übrigen Betenden leise den Takbīr wiederholen, begeben sie sich ebenfalls in eine sitzende Haltung und sprechen die Worte des entsprechenden Bittgebets; dann folgt ein zweiter Suǧūd in derselben Weise.
Es folgt eine zweite Rakʿa, die der Imām mit einem erneuten Takbīr, den man leise wiederholt, einleitet.

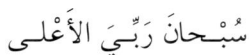

e) Tašahhud

Nach dem Takbīr des Imām, der den zweiten Suǧūd der zweiten Rakʿa beendet, nimmt man, indem man für sich den Takbīr wiederholt, eine sitzende Stellung ein, und jeder spricht für sich den Tašahhud - beim Faǧr-Gebet beide Teile, bei Gebeten mit mehr als zwei Rakʿa nur den ersten Teil. Entsprechend dem Einzelgebet erfolgen bei diesen Gebeten weitere Rakʿa in der beschriebenen Weise, und erst nach dem letzten Suǧūd der letzten Rakʿa spricht man beide Teile des Tašahhud.

Hat der Imām beim Gebet etwas vergessen oder einen Fehler gemacht, führt man zusammen mit dem Imām noch zwei „Niederwerfungen der Vergesslichkeit“ (Suǧūd as-sahw) aus.

f) Taslīm

Der Imām beendet das Gebet, indem er seinen Kopf zunächst nach rechts wendet und dabei laut sagt

السَّلَامُ عَلَيْكُمْ وَرَحْمَةُ اللهِ

As-salāmu ʿalaikum wa-raḥmatu-llāh

Friede sei auf euch und die Barmherzigkeit Allāhs.

Dann wiederholt der Imām laut diese Worte und wendet dabei seinen Kopf nach links; mit leiser Stimme wiederholen die Betenden ebenfalls diese Worte und machen dazu die gleiche Kopfbewegung jeweils zuerst zur rechten und dann zur linken Seite.

Damit ist das Gemeinschaftsgebet beendet.

Nach dem Gemeinschaftsgebet, dreht sich der Imām nach rechts, so dass er den übrigen Betenden etwas zugewendet ist, wobei jeder Betende für sich je dreiunddreißigmal die Worte sagt:

سُبْحانَ اللهِ

Subḥāna-llāh.

Gepriesen sei Alāh.

الحَمْدُ لله

Al-ḥamdu li-llāh.

Alles Lob gebührt Alāh.

اللهُ أكْبر

Allāhu akbar.

Allāh ist größer.

8. Nachzügler beim Gemeinschaftsgebet

Falls ein Gläubiger hinzukommt, nachdem der Imām ein Gebet bereits begonnen hat, ordnet er sich sofort in die Reihe der Betenden ein. Nāfila-Gebete müssen in diesem Fall unterlassen werden.

Für denjenigen, der in das Gebet eintritt, bevor der Imām den Rukūʿ beendet hat, gilt die ganze Rakʿa als gebetet. Für den, der in das Gebet eintritt, bevor der Imām die Worte des Taslīm (*Assalāmu ʿalaikum ...*) spricht, gilt der Lohn des Gemeinschaftsgebets.

Alles, was der Nachzügler von dem Gebet versäumt hat, holt er nach, nachdem der Imām den Taslīm gesprochen hat, d.h., er selbst sagt noch nicht „*Assalāmu ʿalaikum ...*", sondern steht nach dem Taslīm bzw. Taḥlīl des Imām auf und vollendet sein Gebet. Dabei achtet er auf die Reihenfolge der Rakʿa: Hat er bei einem Gebet von vier Rakʿa die erste versäumt, so betet er nach dem Taslīm des Imām eine Rakʿa. Sind ihm drei Rakʿa entgangen, so betet er nach dem Taslīm des Imām eine Rakʿa, nach der er sitzen bleibt und den ersten Teil des Tašahhud spricht, um dann noch zwei Rakʿa zu beten, damit sein Gebet mit vier Rakʿa vollständig ist.

H. Das Freitagsgebet (Ṣalātu-l-Ǧumuʿa)

Der Freitag ist der Feiertag der Muslime.[76] An ihm wird anstelle des Ẓuhr-Gebets die gemeinschaftliche „*Ṣalātu-l-Ǧumuʿa*" (Freitagsgebet) verrichtet.

Die Vorschrift für die *Ṣalātu-l-Ǧumuʿa* finden wir im Qurʾān in Sura 62, Al-Ǧumuʿa, Der Freitag, Vers 9-10:

---

76 Über die Vorzüglichkeit des Freitags und des Freitagsgebetes, sei an dieser Stelle auf das Werk „*Wie man den Ǧumʿa-Tag empfängt*", IB Verlag Islamische Bibliothek, verwiesen.

﴿ يَٰٓأَيُّهَا ٱلَّذِينَ ءَامَنُوٓاْ إِذَا نُودِىَ لِلصَّلَوٰةِ مِن يَوۡمِ ٱلۡجُمُعَةِ فَٱسۡعَوۡاْ إِلَىٰ ذِكۡرِ ٱللَّهِ وَذَرُواْ ٱلۡبَيۡعَۚ ذَٰلِكُمۡ خَيۡرٌ لَّكُمۡ إِن كُنتُمۡ تَعۡلَمُونَ ﴿٩﴾ فَإِذَا قُضِيَتِ ٱلصَّلَوٰةُ فَٱنتَشِرُواْ فِى ٱلۡأَرۡضِ وَٱبۡتَغُواْ مِن فَضۡلِ ٱللَّهِ وَٱذۡكُرُواْ ٱللَّهَ كَثِيرًا لَّعَلَّكُمۡ تُفۡلِحُونَ ﴿١٠﴾ ﴾

„O ihr, die ihr glaubt, wenn zum Freitagsgebet gerufen wird, dann eilt zum Gedenken Allāhs und stellt den Geschäftsbetrieb ein. Das ist besser für euch, wenn ihr es nur wüsstet. Und wenn das Gebet beendet ist, dann verbreitet euch im Land und trachtet nach Allāhs Gnadenfülle und gedenkt Allāhs häufig, auf dass ihr Erfolg haben möget."

Die Pflicht zur Ṣalātu-l-Ǧumuʿa wird ferner in vielen Ḥadīṯen überliefert, z.B.:

«الجُمُعَةُ حَقٌّ وَاجِبٌ عَلَى كُلِّ مُسلِمٍ فِي جَمَاعَةٍ إِلاَّ أَربَعَة : عَبدٌ مَملُوكٌ ، أَو امرَأَةٌ ، أَو صَبِيٌّ ، أَو مَرِيضٌ.»

„Das Freitagsgebet in Gemeinschaft ist Pflicht für jeden Muslim außer für vier: für den Sklaven, die Frau, den Knaben und den Kranken."[77]

77 Überliefert bei Abū Dāwūd, Al-Baihaqyy und Ad-Dāraquṭnyy.

1. Für wen ist das Freitagsgebet Pflicht?

Aus dem oben zitierten Ḥadīṯ und anderen geht eindeutig der Personenkreis hervor, für den die Verrichtung der Ṣalātu-l-Ğumuʿa Pflicht ist. Es ist verpflichtend für alle, für die das normale Farḍ-Gebet Pflicht ist; ausgenommen davon sind jedoch Sklaven, Kriegsgefangene, Frauen, Kinder, Kranke, Reisende und solche, die Verfolgung durch einen tyrannischen Herrscher zu befürchten haben.

Das schließt jedoch nicht aus, dass Frauen mit Erlaubnis ihrer Männer, Kinder in Begleitung ihrer Eltern sowie Reisende zum Freitagsgebet in die Moschee gehen dürfen.

Auch Soldaten, die auf Wache stehen müssen, sind von der Pflicht zum Freitagsgebet befreit.

2. Die Bedingungen für das Freitagsgebet

Das Freitagsgebet darf nur in Ortschaften und nur in einer Moschee oder einem anderen als Betraum geeigneten Gebäude abgehalten werden. Es darf nicht im freien Gelände oder unterwegs auf einer Reise verrichtet werden .

Auch ist ein Freitagsgebet ohne Predigt (Ḫuṭba) nicht gültig, da es ja gerade ihretwegen eingesetzt wurde.

Die Gelehrten sind sich darüber einig, dass die Ṣalātu-l-Ğumuʿa nur als Gemeinschaftsgebet abgehalten werden kann - jedoch bestehen unterschiedliche Auffassungen darüber, wie groß die Mindestzahl der Teilnehmer sein muss. Die zu bevorzugende Meinung besagt, dass schon zwei Männer genügen, um eine Gemeinschaft darzustellen, gemäß der überlieferten Definition:

«اثْنَانِ فَمَا فَوْقَهُمَا جَمَاعَةٌ.»

„Zwei oder mehr bilden eine Gemeinschaft."[78]

Außerdem gelten natürlich dieselben Vorbedingungen wie für das normale Gebet.[79] Zusätzlich erwünscht ist vorheriges Baden bzw. der Ġusl, und über dies sollte man die beste Kleidung tragen. Wie bereits erwähnt, empfahl der Prophet (a.s.s.) den Männern, sich zum Besuch der Moschee auch zu parfümieren.[80]
Zum Freitagsgebet soll man möglichst früh gehen, um noch vor der Ṣalātu-l-Ǧumuʿa Bittgebete sprechen und im Qurʾān lesen zu können, insbesondere die Sura 18, Al-Kahf, Die Höhle.

3. Zeit des Freitagsgebets
Die Zeit für das Freitagsgebet ist mit der für das Ẓuhr-Gebet identisch.

4. Die Beschreibung des Freitagsgebets
Nach dem ersten Āḏān der Ṣalātu-l-Ǧumuʿa betritt der Imām den Platz für seine Freitagspredigt, meist das Podest (Mimbar) in der Moschee, das sich an der Qibla-Wand

78 Überliefert bei Ibn Māǧa
79 Siehe Kapitel C
80 Siehe Kapitel C (1 b)

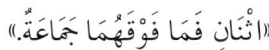

befindet, und grüßt[81] die Gläubigen. Danach erfolgt ein zweiter Āḏān.

Danach hält der Imām die Predigt (Ḫuṭba), während der die Anwesenden in aller Stille zuhören und nicht sprechen dürfen.

In seiner Predigt dankt der Imām Allāh (t), lobpreist Ihn, spricht das Glaubensbekenntnis und ermahnt die Gläubigen u.a., Gutes zu tun und die Gebote Allāhs zu befolgen. Dabei bekräftigt er seine Worte mit Qurʾān-Versen oder darüber hinaus noch mit Ḥadīṯen. Selbst wenn die Ḫuṭba in einer anderen Sprache als Arabisch gehalten wird, so müssen doch die Qurʾān-Verse auf arabisch gesprochen und gegebenenfalls in der anderen Sprache erläutert werden.

Die Ḫuṭba besteht aus zwei Teilen, in denen der Imām aufrecht steht; dazwischen setzt er sich kurz hin und spricht ein Bittgebet. Nach Beendigung des zweiten Teils der Ḫuṭba erfolgt die Iqāma. Danach wird das eigentliche, aus zwei Rakʿa bestehende Freitagsgebet in der Weise wie

81 Mit dem islamischen Gruß „As-salāmu ʿalaikum wa-raḥmatu-llāhi wa-barakātuh".

ein normales Farḍ-Gebet verrichtet. Die Qurʾān-Rezitation des Imām erfolgt dabei mit lauter Stimme.
Wer unabsichtlich zu spät kommt, verfährt wie bereits zuvor beim Gemeinschaftsgebet beschrieben[82]; er muss jedoch spätestens bis zum Rukūʿ der zweiten Rakʿa das Gebet begonnen haben, damit sein Freitags-Gebet gültig ist. Andernfalls betet er das normale Ẓuhr-Gebet mit vier Rakʿa; ebenso verhält sich derjenige, der am Freitagsgebet aus irgendeinem der erwähnten Gründe nicht teilnehmen kann.
Das absichtliche Versäumen der Ḫuṭba macht das Gebet ungültig; denn diese gilt als Bestandteil der Ṣalātu-l-Ǧumuʿa und wird mit zwei Rakʿa bewertet; darum besteht das Ǧumuʿa-Gebet zur Mittagszeit nur aus zwei Rakʿa statt vier, und deshalb dürfen die Betenden auch während der Ḫuṭba nicht sprechen.

J. Das Gebet des Reisenden (Ṣalātu-l-Musāfir)

In der vierten Sura, Vers 101 heißt es:

﴿ وَإِذَا ضَرَبۡتُمۡ فِي ٱلۡأَرۡضِ فَلَيۡسَ عَلَيۡكُمۡ جُنَاحٌ أَن تَقۡصُرُواْ مِنَ ٱلصَّلَوٰةِ ﴾

82 Siehe Kapitel G (8)

„Und wenn ihr durch das Land zieht, so ist es keine Sünde für euch, wenn ihr das Gebet verkürzt ...“

Zur Erläuterung dieses Verses sind viele Ḥadīṯe überliefert, in denen gesagt wird, dass das Verkürzen eines Gebets für einen Reisenden sowohl bei Gefahr als auch in Sicherheit erlaubt ist. Es wird allgemein überliefert, dass das Gebet des Reisenden aus zwei Rakʿa besteht.[83] Einige Gelehrte sagen sogar, dass das Verkürzen des Gebets für den Reisenden Pflicht sei.[84]

1. Entfernung und Zeitspanne der Reise

Hinsichtlich der Entfernung und der Zeitspanne gehen die Lehrmeinungen bei der Definition des Begriffs „Reise“ auseinander: Während vielfach 81 Kilometer als Norm für die Mindestentfernung betrachtet werden, gibt es auch eine Überlieferung, die nur eine Meile (= 1748 Meter) als Mindestentfernung ansetzt. Viele Gelehrte sagen deshalb, dass die Entfernung vom Propheten Muḥammad (a.s.s.) nicht definitiv festgelegt worden sei und dass die Entscheidung in dieser Angelegenheit daher jedem einzelnen im Rahmen der vorhandenen Überlieferungen überlassen bleibe.

Die Erlaubnis, die Gebete zu verkürzen oder zusammenzufassen, tritt sofort in Kraft, sobald der Gläubige seinen Wohn- oder Aufenthaltsort mit der Absicht verlassen hat, eine Reise zu unternehmen, die über die Mindestentfernung

83 Überliefert bei Al-Buḫāryy

84 z.B. die ḥanafitische Rechtsschule

hinausgeht. D.h., die Erlaubnis tritt nicht erst dann in Kraft, wenn der Reisende die Mindestentfernung tatsächlich erreicht oder überschritten hat.
Was die Zeitdauer betrifft, so unterscheidet man zwischen dem Reisenden, der von vornherein weiß, wie lange er sich voraussichtlich am Ziel der Reise aufhalten wird, und dem, dem nicht bekannt ist, wie lange sein Aufenthalt dauern wird. Für den ersteren gilt eine anerkannte Höchstdauer von vier Tagen, während derer er das verkürzte Gebet verrichten darf. Nach der Meinung des Rechtsgelehrten Abu Ḥanīfa beträgt die Höchstdauer 15 Tage. Wer aber noch nicht absehen kann, wie lange sein Aufenthalt während der Reise dauern wird, für den gelten nach überwiegender Meinung keine Zeitbegrenzungen.

2. Verkürzen der Gebete

Verkürzt werden dürfen nur die Ẓuhr-, ʿAṣr- und ʿIšāʾ-Gebete, und zwar auf zwei Rakʿa. Nāfila-Gebete sollen während dieser Zeit ganz weggelassen werden; mit Ausnahme der beiden Nāfila-Rakʿa vor dem Faǧr-Gebet und dem Witr-Gebet.

3. Zusammenziehen zweier Gebete

Nach allgemeiner Auffassung darf der Reisende die Gebete auch zusammenziehen, und zwar das Ẓuhr- mit dem ʿAṣr-Gebet und das Maġrib- mit dem ʿIšāʾ-Gebet. Nach der Lehre der ḥanafitischen Rechtsschule ist dies jedoch nicht möglich, außer in einem einzigen Fall, nämlich während der

Pilgerfahrt nach Makka (Haǧǧ) am Tage von ʿArafa (bzw. ʿArafāt) und in der darauffolgenden Nacht.

Ebenfalls nach allgemeiner Auffassung können die zusammengezogenen Gebete wahlweise während der für das erste oder zweite Gebet festgelegten Gebetszeit verrichtet werden.

Außer im Falle einer Reise können die Gebete auch von Nicht-Reisenden bei Krankheit oder, wenn es das Gemeinschaftsgebet in der Moschee betrifft, bei starkem Regen, Schneefall oder extremer Kälte sowie bei Gefahr oder berechtigter Angst vor Schaden, aber auch aus beruflichen Gründen, zusammengezogenen, nicht aber verkürzt werden. Voraussetzung hierfür ist, dass man sich vorher ernsthaft darum bemüht hat, das Gebet zu seiner Zeit zu verrichten.[85]

4. Beschreibung des Gebets eines Reisenden

Betet der Reisende allein, so entspricht ein normalerweise aus vier Rakʿa bestehendes und nun auf zwei Rakʿa verkürztes Gebet in seiner Form dem Faǧr-Gebet.

Fasst er zwei Gebete zusammen, spricht er zuvor die entsprechende Absicht (Niyya) und verrichtet dann hintereinander die beiden verkürzten Gebete.

Beim Gemeinschaftsgebet muss man beachten, ob der Imām auch ein Reisender oder aber ortsansässig ist:

Ist er selbst kein Reisender und der Reisende betet hinter ihm, so ist das vollständige (ungekürzte) Gebet für den Reisenden verbindlich, weil die Verpflichtung, dem Imām

85 s. den ausführlichen Abschnitt im Anhang.

zu folgen, größeres Gewicht hat als die Erlaubnis, das Gebet zu verkürzen.

Wenn der Imām selbst Reisender ist und Ortsansässige beten hinter ihm, dann soll der Imām sie vor dem Gebet darauf aufmerksam machen, dass er selbst Reisender ist, und nach seinem Taslīm zur Erinnerung noch einmal sagen:

أَتِمُّوا صَلَاتَكُمْ فَإِنَّا قَوْمٌ سَفْرٌ

Atimmū ṣalātakum, fa-innā qaumun safar.

Vervollständigt euer Gebet, denn ich bin auf der Reise.

Beim Zusammenfassen zweier Gebete genügt ein Āḏān für beide Gebete. Nach dem Taslīm bzw. Taḥlīl des ersten Gebets erfolgt sofort die Iqāma für das zweite Gebet, das unmittelbar darauf verrichtet wird. Ansonsten gelten die Bestimmungen für die normalen Farḍ-Gebete.

Reist man im Flugzeug, Zug, Schiff, Auto oder in welchem Verkehrsmittel auch immer und hat weder die Möglichkeit, innerhalb der jeweiligen Gebetszeit auszusteigen, noch den für den normalen Gebetsablauf notwendigen Raum zur Verfügung, darf man die Bewegungsabläufe beim Gebet so vereinfachen, wie es die jeweiligen Umstände erfordern[86]: Man kann z.B. das gesamte Gebet im Sitzen verrichten und Rukūʿ und Sugud jeweils durch Vorneigen des Oberkörpers

86 Vgl. dazu auch Kapitel K (14) und (15)

nur andeuten oder aber in jeder anderen geeigneten Form beten.

Auch die Qibla braucht unter solchen Umständen nicht mehr eingehalten zu werden, und ebenso darf man die rituelle Reinheit der Kleidung und des Gebetsplatzes vernachlässigen, wenn man keine Möglichkeit hat, sie herzustellen.

Laut Qurʾān[87] ist es beliebt, dass der Gläubige bei Antritt der Reise aus diesem Anlass „Adʿyatu-s-Safar„ (Bittgebete für die Reise) spricht. Unser Prophet Muḥammad, Allāhs Segen und Friede auf ihm, lehrt uns folgende spezielle Bittgebete, welche auch den Qurʾān-Vers 43:13-14 enthalten:

اللهُ أكبَر ، اللهُ أكبَر ، اللهُ أكبَر، سُـبْحانَ الَّذي سَخَّـرَ لَنا هذا وَما كُنّا
لَهُ مُقْـرِنين، وَإِنّا إِلى رَبِّنـا لَمُنْقَـلِبون، اللّهُـمَّ إِنّا نَسْـأَلُكَ في سَفَـرِنا
هذا البِـرَّ وَالتَّـقْوى، وَمِنَ الْعَمَـلِ ما تَـرْضى، اللّهُـمَّ هَوِّنْ عَلَـينا
سَفَرَنا هذا وَاطْوِ عَنّا بُعْـدَه، اللّهُـمَّ أَنْـتَ الصّـاحِبُ في السَّـفَر،
وَالْخَلـيفَةُ في الأهـلِ، اللّهُـمَّ إِنّـي أَعـوذُبِكَ مِنْ وَعْـثاءِ السَّـفَر،
وَكَآبَةِ الْمَنْـظَر، وَسوءِ الْمُنْـقَلَبِ في المـالِ وَالأَهْـل

Allāhu akbar - Allāhu akbar - Allāhu akbar.
Subḥāna-llaḏī saḫḫara lanā hāḏa, wamā kunnā lahū muqrinīn, wa-innā ilā rabbinā lamun-qalibūn .

87 Sura 43, Aẓ-Ẓuḫruf, Der Prunk, Vers 13.

Allāhumma innā nasʾa-luka fī safarinā hāḏā al-birra wat-taqwā, wa-mina-l-ʿamali ma-tarḍā. Allāhumma hau-win ʿalainā safaranā hāḏā waṭ-wi ʿannā buʿdah.
Allāhumma anta-ṣ-ṣāḥibu fis-safar, wal-ḫalīfatu fil-ahl. Allāhumma innī aʿūḏu bika mi-waʿṯāʾi-s-safar, wa-kaʾābati-l-manẓar, wa-sūʾi-l-mun-qalabi fil-māli wal-ahl.[88]

Allāh ist größer (dreimal).

Preis (sei) Ihm, Der uns dies (d.h. das Reittier oder Fahrzeug) dienstbar gemacht hat, und wir wären hierzu nicht imstande gewesen. Und zu unserem Herrn werden wir sicher zurückkehren.[89] O Allāh. Wir bitten Dich auf dieser unserer Reise um Beistand, dass wir gütig und gottesfürchtig handeln, und Taten verrichten, an denen Du Wohlgefallen findest. O Allāh. Mache uns diese Reise leicht und verkürze uns den langen Weg. O Allāh. Du bist der Gefährte auf der Reise und Der Beschützer der (zurückgelassenen) Familie.
O Allāh. Ich nehme meine Zuflucht bei Dir vor den Mühsalen der Reise und davor, bei der Rückkehr ein betrübtes Aussehen und unheilvolle Veränderungen, beim Besitz und der Familie vorzufinden.

Bei der Rückkehr fügt er die folgenden Worte hinzu:

آيِبونَ تائِبونَ عابِدونَ لِرَبِّنا حامِدون

---

88 Überliefert bei Abū Dāwūd, Aḥmad, Mālik und At-Tirmiḏyy.

89 Aus Sura 43, Aẓ-Ẓuḫruf, Der Prunk, Vers 14.

Āy-yibūna, tā'i-būna, 'ābi-dūna, li-rabbinā ḥāmidūn.[90]
Als Zurückkehrende, Reumütige,
unseren Herrn Verehrende und Lobende.

K. Sonstige Gebete

1. Das Witr- und das Qunūt-Gebet

Auf die Bedeutung und die Zeit des Witr-Gebets wurde bereits hingewiesen.[91]

Wer befürchtet, nicht rechtzeitig vor dem Fağr-Gebet aufstehen zu können, der sollte das Witr-Gebet vor dem Schlafengehen verrichten.

Dieses Gebet besteht aus einer ungeraden (Witr) Anzahl von Rak'a, von einer Rak'a bis zu dreizehn. Als vorzüglichste Anzahl gelten drei Rak'a.

Es können dabei jeweils zwei Rak'a zusammengefasst werden, wie in jedem gewöhnlichen Nāfila-Gebet; sie können aber auch - wie ebenfalls vom Gesandten Allāhs überliefert - zusammenhängend mit nur einem einzigen Tašahhud und Taslīm am Ende der letzten Rak'a gebetet werden. Die drei letzten Rak'a können auch wie im Mağrib-Gebet mit dem ersten Teil des Tašahhud nach zwei Rak'a oder mit dem ersten und zweiten Teil des Tašahhud und dem Taslīm nach der dritten und letzten Rak'a verrichtet werden. Oder man spricht den gesamten Tašahhud und den

90 Überliefert bei Aḥmad

91 Siehe Kapitel D

Taslīm nach diesen beiden ersten Rakʿa, so dass die letzte Rakʿa, durch den Taslīm von den beiden vorhergehenden abgetrennt, allein steht. Letztere Form gilt als vorzüglicher als die erstere.

Im Witr-Gebet kann nach der Al-Fātiḥa jedes beliebige Stück aus dem Qurʾān rezitiert werden, wie in anderen Gebeten auch. Doch ist es Sunna für denjenigen, der dieses Gebet mit drei Rakʿa betet,

- in der ersten Rakʿa nach der Al-Fātiḥa die Sura 87 (Al-Aʿlā, Der Allerhöchste) zu rezitieren,
- in der zweiten die Sura 109 (Al-Kāfirūn, Die Ungläubigen) und
- in der dritten die Sura 112 (Al-Iḫlāṣ, Die aufrichtige Ergebenheit), wobei noch die beiden Suren 113 und 114 (Al-Muʿaw-widatān, die beiden Schutz-Suren) hinzugefügt werden können.

Ein weiteres Merkmal des Witr-Gebets ist ein besonderes Bittgebet (Duʿāʾ), das innerhalb des eigentlichen Gebets (Ṣalāh) gesprochen und das Duʿāʾ al-qunūt, d.h. »Bittgebet der Gottergebenheit«, genannt wird:

اللّهُمَّ اهْدِني فيمَنْ هَدَيْت، وَعافِني فيمَنْ عافَيْت، وَتَوَلَّني
فيمَنْ تَوَلَّيْت ، وَبارِكْ لي فيما أَعْطَيْت، وَقِني شَرَّ ما قَضَيْت،
فَإِنَّكَ تَقْضي وَلا يُقْضى عَلَيْك ، إِنَّهُ لا يَذِلُّ مَنْ والَيْت، [وَلا
يَعِزُّ مَن عادَيْت،] تَبارَكْتَ رَبَّنا وَتَعالَيْت

Allāhumma-h-dinī fīman hadait, wa ʿāfini fīman ʿāfait,
wa tawallanī fīman tawallait, wa bārik lī fīma aʿṭait,
wa qinī šarra mā-qaḍait, fa-innaka taqḍī ,walā yuqḍā ʿalaik,
wa innahu lā yaḏillu mau-wālait, [wala yaʿizzu man ʿādait,]
tabārakta rabannā wa taʿālait;
O Allāh, leite mich unter denen,
die Du rechtleitest;
und mache mich frei von Fehlern unter denen,
die Du frei von Fehlern gemacht hast.
Und sei mein Beschützer, und lass mich unter denen sein, denen Du Schutz gewährst. Und segne, was Du mir beschert hast, und bewahre mich vor dem Übel dessen, was Du beschlossen hast; denn Du beschließt ja, und es wird nicht gegen Dich beschlossen.
Wahrlich, wessen Beschützer Du bist, der wird nicht erniedrigt; [und wessen Feind Du bist, der wird nicht mächtig.] Segensreich und Erhaben bist Du, unser Herr.[92]

Vor dem Segenswunsch für den Propheten (a.s.s.) können nach der obigen Gebetsformel noch weitere Bitten vorgebracht werden, entsprechend der jeweiligen Situation angepasst.
Das Qunūt-Bittgebet kann vor oder nach dem Rukūʿ der letzten Rakʿa gesprochen werden. Während des Bittgebets erhebt man die ausgestreckten Arme flehend zum Himmel, ohne nach oben zu blicken.

92 Überliefert bei At-Tirmiḏyy

Man soll nur einmal in der Nacht ein Witr-Gebet verrichten, da der Gesandte Allāhs gesagt hat:

«لَا وِتْرَانِ فِي لَيْلَةٍ.»

„Es gibt keine zwei Witr-Gebete in einer Nacht."[93]

Außerdem sind die meisten Gelehrten der Meinung, dass das Witr-Gebet nachgeholt werden muss, wenn es, z.B. wegen Schlaf oder aus Vergesslichkeit, versäumt wurde. Unabhängig vom Witr-Gebet kann das Qunūt-Bittgebet auch in der letzten Rakʿa eines der fünf Farḍ-Gebete gesprochen werden, und zwar zu besonderen Anlässen wie Katastrophen, Seuchen und dergleichen.

2. Gebete anlässlich des Monats Ramaḍān

Im Fastenmonat Ramaḍān werden in den Moscheen im Anschluss an das ʿIšāʾ-Gebet noch besondere Gebete anlässlich dieses Monats verrichtet.

Sie werden Tarāwīḥ (erquickende Gebete) genannt, und es können Männer und Frauen daran teilnehmen, sofern für letztere würdige und ausreichende Räumlichkeiten zur Verfügung stehen.

Der Imām betet mit den Gläubigen zwei Gebete zu je zwei Rakʿa, wobei er mit lauter Stimme rezitiert. Nach der vierten Rakʿa macht er eine Pause, in der Bittgebete gesprochen

93 Überliefert bei Abū Dāwūd, An-Nasāʾyy und At-Tirmiḏyy.

werden können oder eine kurze Predigt oder Rede mit Ermahnungen und Erläuterungen gehalten werden kann. Danach betet er in derselben Weise wie vorher weitere zwei Gebete zu je zwei Rakʿa. An sie schließt sich ein Witr-Gebet aus drei Rakʿa an, in dem der Imām ebenfalls laut rezitiert. Das Tarāwīḥ-Gebet umfasst also insgesamt elf Rakʿa. Wer allein oder in einer Gruppe noch weitere freiwillige Gebete (Nāfila) verrichten möchte, kann das Witr-Gebet aufschieben, bis er alle Rakʿa gerader Anzahl beendet hat.
Die Tarāwīḥ-Gebete können auch allein und zu Hause gebetet werden; allerdings ist Allāhs Lohn für das gemeinschaftliche Gebet - wie bereits erwähnt - größer als der für das Einzelgebet.
Im Monat Ramaḍān werden alle guten Taten stärker belohnt; und dazu zählen ja auch die Gebete. Das gibt vielen Muslimen Anlass, in diesem Monat mehr freiwillige Leistungen an Gebeten und Spenden zu erbringen als zu jeder anderen Jahreszeit.

3. Das Festgebet (Ṣalātu-l-ʿīd)

Im Islam gibt es zwei Feste: das dreitägige Fest des Fastenbrechens (ʿīdu-l-fiṭr) nach dem Fastenmonat Ramaḍān und das viertägige Opferfest (ʿīdu-l-aḍḥā) am zehnten Tag des zwölften Monats Ḏu-l-Ḥiğğa im islamischen Mondkalender. Zum Anlass dieser beiden Feste gibt es ein zusätzliches Festgebet in Gemeinschaft.
Wenn keine wichtigen Gründe für die Verlegung des Festgebets auf den zweiten oder einen anderen Festtag

vorliegen, wird dieses Gebet in der Regel jeweils am ersten Tag verrichtet. Es umfasst zwei Rakʿa, während derer der Imām laut rezitiert.
Für dieses Gebet gibt es weder Āḏān noch Iqāma, da es sich um keines der fünf Farḍ-Gebete handelt. Als Gebetszeit gilt die Zeitspanne von etwa zwanzig Minuten nach Sonnenaufgang bis zum Mittag. In der Regel wird der Ablauf des Gebets vom Imām unmittelbar vor dem Gebet noch einmal erklärt. Es wird grundsätzlich wie das normale Gebet verrichtet; jedoch werden in der ersten Rakʿa nach dem „Takbīr at-taḥrīm" bzw. „Takbīr al-Iḥrām" noch sieben weitere Takbīre (Allāhu akbar) vom Imām gesprochen, die von den übrigen Betenden leise wiederholt werden. Zwischen den einzelnen Takbīren spricht der Imām mit leiser Stimme eine kurze Lobpreisung Allāhs aus. In derselben Weise werden in der zweiten Rakʿa vor der Qurʾān-Rezitation noch fünf weitere Takbīre gesprochen. Bei jedem einzelnen Takbīr, sowohl in der ersten als auch der zweiten Rakʿa werden die Hände wiederum wie beim „Takbīr at-taḥrīm" erhoben.
Derjenige, dem das Festgebet entgeht, kann stattdessen zu Hause zwei Rakʿa beten; dasselbe gilt für die Frauen. Der Prophet (a.s.s.) hat jedoch ausdrücklich empfohlen, dass sich, wenn nur irgend möglich, alle Muslime zum Festgebet, das möglichst unter freiem Himmel abgehalten werden soll, versammeln sollen, also auch die Frauen, die aus befreienden Gründen, wie Monatsregel oder Wochenbett, nicht mitbeten können; denn an diesen Festtagen soll sich

die ganze islamische Gemeinde, ob Mann oder Frau, ob jung oder alt, zusammenfinden.

Nach dem Gebet hält der Imām eine Predigt (Ḫuṭba), die er mit dem Lob Allāhs beginnt und in der er auf die Bedeutung des betreffenden Festes eingeht und wie bei der Freitagspredigt die Gläubigen ermahnt, Allāh (t) zu gehorchen, Gutes zu tun und Schlechtes zu unterlassen.

Danach beglückwünschen sich die Gläubigen, besuchen sich gegenseitig und feiern das Fest. Islamische Gemeinsamkeit und Brüderlichkeit bestimmen die Festtage.

Es ist Sunna, vor dem Verlassen des Hauses zum Fest des Fastenbrechens, nicht jedoch zu dem des Opfertages, Datteln oder Süßigkeiten in ungerader Zahl zu sich zu nehmen.

Die Mehrzahl der Gelehrten ist sich darüber einig, dass es ebenfalls Sunna und damit wünschenswert ist, auf dem Hinweg zum Gebetsplatz für das Fest einen anderen Weg einzuschlagen als auf dem Rückweg, um mehr Menschen zu begegnen und ihnen anlässlich des Festes zu gratulieren.

Fällt das Fest auf einen Freitag, so wird meist nur das Festgebet verrichtet und das Freitagsgebet ausgelassen, da man den Gläubigen nicht mehr als eine einzige Predigt mit Gemeinschaftsgebet zumuten will; denn manche legen vielleicht einen weiten Weg bis zum Festgebetsplatz oder der Hauptmoschee zurück. Das Festgebet ist also in diesem Fall der Ersatz für das Freitagsgebet, an dessen Stelle dann lediglich ein gewöhnliches Ẓuhr-Gebet verrichtet wird.

4. Das Ḍuḥā -Gebet

Ein weiteres Nāfila-Gebet ist das Ḍuḥā-Gebet, das man etwa eine halbe Stunde nach dem Sonnenaufgang bis zum Mittag verrichten soll. Es besteht aus einer geraden Anzahl von Rakʿa von zwei bis zwölf. Wie man die Rakʿa zusammenfasst, ist wie beim Witr-Gebet freigestellt.

5. Das Totengebet (Ṣalātu-l-Ğanāza)

Bei diesem Gemeinschaftsgebet gelten die gleichen Voraussetzungen wie beim Pflichtgebet (Reinheit, Bedecken der Blöße, Qibla usw.). Die Betenden bleiben die ganze Zeit über aufrecht stehen (Qiyām) ohne Rukūʿ und Suğūd.

Nachdem der oder die Verstorbene in die Moschee hineingetragen worden ist, wird die mit Tüchern bedeckte Bahre dort quer zur Qibla-Wand aufgestellt, und zwar so, dass das Gesicht des bzw. der Toten nach rechts geneigt in Gebetsrichtung weist.

Das Totengebet wird meist im Anschluss an eines der Farḍ-Gebete abgehalten. Nach Beendigung des letzteren stellen sich die Gläubigen in Reihen - am besten in drei Reihen - hinter der Bahre wie zum gewöhnlichen Gebet auf, doch ist der Abstand der Reihen zueinander kürzer als sonst üblich.

Der Imām steht direkt hinter der Bahre (beim Mann auf Höhe des Kopfes und bei der Frau auf Höhe der Hüften und erklärt meistens noch kurz den Ablauf des Gebets, bevor er damit beginnt.

Es enthält vier Takbīre des Imām, die jeder Betende für sich leise wiederholt. Dabei werden die Hände nur beim ersten Takbīr (Takbīr At-Taḥrīm) erhoben.

Ablauf des Gebets:
Nach dem ersten Takbīr spricht jeder für sich nach dem Lob- und Bittgebet die Al-Fātiḥa.
Nach dem zweiten Takbīr erbittet man Friede und Segen für den Propheten Muḥammad (a.s.s.) mit dem Duʿāʾ aus dem zweiten Teil des Tašahhud, also mit den Worten:

اللّهُـمَّ صَلِّ عَلـى مُحَمَّـد وَعَلـى آلِ مُحَمَّد

كَمـا صَلَّيـتَ عَلـى إبْراهـيمَ وَعَلـى آلِ إبْراهـيم

إنَّكَ حَمـيدٌ مَجيد

اللّهُـمَّ بارِكْ عَلـى مُحَمَّـد وَعَلـى آلِ مُحَمَّـد

كَمـا بارِكْتَ عَلـىإبْراهـيمَ وَعَلـى آلِ إبْراهيم

إنَّكَ حَمـيدٌ مَجيد

Allāhumma ṣalli ʿalā Muḥammad wa ʿalā āli Muḥammad, kamā ṣalaita ʿalā Ibrāhīm wa ʿalā āli Ibrāhīm. Innaka ḥamīdu-m-maǧīd.
Allāhumma bārik ʿalā Muḥammad wa ʿalā āli Muḥammad, kamā bārakta ʿalā Ibrāhīm wa ʿalā āli Ibrāhīm. Innaka ḥamīdu-m-maǧīd.

O Allāh, schenke Muḥammad Heil und der Familie Muḥammads, so wie Du auch Abraham und der Familie Abrahams Heil geschenkt hast.Du bist ja der zu Preisende, der Rühmenswerte.
O Allāh, segne Muḥammad und die Familie Muhammads, so wie Du auch Abraham und die Familie Abrahams gesegnet hast. Du bist ja der zu Preisende, der Rühmenswerte.

Nach dem dritten Takbīr spricht man Bittgebete (Duʿāʾ) für den Toten. Wie zum Beispiel:

اللهُمّ اغْفِرْ لَهُ وَارْحَمْه ، وَعافِهِ وَاعْفُ عَنْه ، وَأَكْرِمْ نُزُلَه ، وَوَسِّعْ مُدْخَلَه ، وَاغْسِلْهُ بِالْماءِ وَالثَّلْجِ وَالْبَرْدْ ، وَنَقِّهِ مِنَ الْخطايا كَما نَقّيْتَ الثَّوْبَ الأَبْيَضَ مِنَ الدَّنَس ، وَأَبْدِلْهُ داراً خَيْراً مِنْ دارِه ، وَأَهْلاً خَيْراً مِنْ أَهْلِه ، وَزَوْجاً خَيْراً مِنْ زَوْجِه ، وَأَدْخِلْهُ الْجَنَّة ، وَأَعِذْهُ مِنْ عَذابِ القَبْرِ وَعَذابِ النّار

Allāhumma-ġfir-lahu wa rḥamhu wa ʿāfihi, wa-ʿfu ʿanhu, wa akrim nuzulahu, wa wassiʿ mudḫalahu, wa-ġsilhu bi-l-māʾi wa ṯ-ṯalǧi wa-l-barad. Wa naqqihi mina-l-ḫaṭāyā kamā naqqayta-ṯ-ṯawba-l-abyaḍa mina d-danas. Wa abdilhu dāran ḫayran min dārihi, wa ahlan ḫayran min ahlihi, wa zawǧan ḫayran min zawǧihi. Wa-adḫilhu-l-ǧannata wa aʿiḏ-hu min ʿaḏābi-l-qabri wa ʿaḏābi n-nār.

O Allāh. vergib ihm und sei ihm barmherzig. Bewahre ihn, verzeihe ihm, bereite ihm einen ehrenhaften Empfang. Erweitere sein Grab, wasche ihn mit Wasser, Schnee und Hagel. Reinige ihn von Fehlern, wi Du das weiße Gewand von Schmutz gereinigt hast. Ersetze ihm seinen Aufenthalt durch einen besseren Aufenthalt, seine Angehörigen durch bessere Angehörige und seine Gattin durch eine bessere Gattin. Gewähre ihm den Eintritt in das Paradies und bewahre in vor der Pein des Grabes und der Pein des Höllenfeuers.

N a c h d e m v i e r t e n T a k b ī r spricht man ebenfalls lautlos ein Bittgebet für die Gesamtheit der Muslime.

اللَّهُمَّ لا تَحْرِمْنَا أَجْرَهُ ، وَلا تفتنا بَعْدَهُ

رَبَّنَا آتِنَا فِي الدُّنْيَا حَسَنَةً وَفِي الآخِرَةِ حَسَنَةً وَقِنَا عَذَابَ النَّارِ

Allāhumma lā taḥrimnā ağrah, walā taftinna baʿdah.
Rabbanā ātina fi-d-dunyā ḥasana, wafi-l-āḫirati ḥasana,
wa-qinā ʿaḏāba-n-nār.

O Allāh, versage uns nicht seinen Lohn (des Toten) und suche uns nicht nach ihm (seinem Tod) heim.
O Allāh, gib uns im Diesseits Gutes
und im Jenseits Gutes,
und behüte uns vor der Strafe des Höllenfeuers.

Dann folgt der Taslīm, jedoch nur zur rechten Seite, der Šāfiʿitischen Rechtsschule zufolge, zur rechten und zur linken Seite wie beim normalen Gebet.
Ein Nachzügler beim Totengebet holt nichts nach, sondern spricht mit dem Imām zusammen den Taslīm und beendet damit sein Gebet zusammen mit den anderen.
Das Totengebet kann auch in Abwesenheit für einen an einem anderen Ort Verstorbenen gehalten werden.
Es ist Sunna, nach dem Totengebet dem Leichenzug bis zum Grab zu folgen und um Vergebung für den Verstorbenen zu bitten.

6. Das Gebet bei Sonnen- bzw. Mondfinsternis (Ṣalātu-l-Kusūf)

Sonnen- bzw. Mondfinsternisse sind Naturereignisse. Die Muslime sehen darin ein Zeichen der Allmacht Allāhs, die allgegenwärtig ist und sich auf alles erstreckt, auch auf die Gestirne, die sich durch ihre vorgeschriebenen Bahnen ebenfalls unterwerfen müssen. Die Muslime nutzen deshalb das Auftreten dieser Naturereignisse dazu, ihren aufrichtigen Glauben an die Einheit und Einzigkeit Allāhs und Seine Allmacht in einem besonderen Gebet kundzutun: in „Ṣalātu-l-Kusūf“ bei Sonnen- und Mondfinsternissen.
Eingeführt wurde dieses Nāfila-Gebet, nachdem der Sohn des Propheten Muḥammad (a.s.s.), Ibrāhīm, gestorben war und sich am selben Tage eine Sonnenfinsternis ereignete; denn die Menschen sahen einen Zusammenhang zwischen Ibrāhīms Tod und jenem Naturereignis. Daraufhin erklärte

ihnen der Prophet (a.s.s.) den wahren Sachverhalt, dass nämlich die Sonne und der Mond Zeichen der Allmacht Allāhs seien und dass deren Finsternis weder wegen des Todes noch wegen der Geburt eines Menschen zustandekomme; er ordnete an, dass bei Sonnen- und Mondfinsternissen ein Gebet zu Ehren Allāhs verrichtet werden solle.

Dieses Gebet besteht aus zwei langen Rakʿa (nach der Šāfiʿitischen und der mālikitischen Rechtsschule auch aus vier), während derer der Imām laut rezitiert, und zwar in allen Rakʿa, die Al-Fātiḥa und ein weiteres Stück aus dem Qurʾān. In jeder Rakʿa wird jedoch - abweichend vom normalen Farḍ-Gebet - nach dem ersten Rukūʿ noch einmal ein beliebiger Abschnitt aus dem Qurʾān rezitiert, und erst nach einem zweiten Rukūʿ erfolgen die beiden Suǧūd. Eine Predigt des Imām, die auf den Sinn dieses Gebets eingeht, schließt sich an.

7. Das Gebet um Regen (Ṣalātu-l-Istisqāʾ)

In Dürrezeiten haben die Muslime die Möglichkeit, Allāh um Regen zu erflehen. Nach allgemeiner Auffassung wird es wie das Festgebet verrichtet; andere Gelehrte sagen, es bestehe aus zwei normalen Rakʿa, während Abu Ḥanīfa der Meinung ist, es handele sich nicht um ein formelles Gebet (Ṣalāh), sondern um ein formloses Gebet (Duʿāʾ). Entscheidend ist jedoch, dass der Gläubige auch in dieser Notlage Zuflucht bei Allāh (t) suchen kann; denn gerade die Dürre ist ein weitverbreitetes und immer wieder

auftretendes Problem, das nicht selten auch katastrophale Folgen für den Menschen haben kann.
Das Gebet um Regen wird folgendermaßen abgehalten:
Der Imām betet mit den Gläubigen zwei Rakʿa zu jeder beliebigen Zeit, abgesehen von den Zeiten, in denen das Beten verboten oder verwerflich[94] ist. Dabei rezitiert er mit lauter Stimme in der ersten Rakʿa nach der Al-Fātiḥa die Sura 87 (Al-Aʿlā, Der Allerhöchste), in der zweiten Rakʿa nach der Al-Fātiḥa die Sura 88 (Al-Ġāšiya, Die Bedeckende) und beendet dann das Gebet wie üblich mit Tašahhud und Taslīm. Danach hält er eine Predigt, die aber, wie im Freitagsgebet, auch vor dem eigentlichen Gebet (Ṣalāh) gehalten werden kann. Nach Beendigung seiner Predigt kehren die Anwesenden ihre Obergewänder (z.B. Jackett oder Mantel) um, so dass sie die Innenseite nach außen tragen. In dieser demütigen Stellung wenden sie sich in die Gebetsrichtung (Qibla), erheben flehend die Hände und bitten Allāh (t) um Regen und Barmherzigkeit.

8. Das Gebet um richtige Eingebung (Ṣalātu-l-Istiḫāra)

Es gibt Situationen im menschlichen Leben, in denen man eine schwerwiegende Entscheidung treffen muss, und oft ist man sich im Zweifel über die richtige Wahl. In einem solchen Fall besteht für den gläubigen Muslim die segensreiche Einrichtung der „Ṣalātu-l-Istiḫāra", d.h., er kann Allāh (t)

94 Siehe Kapitel C (5)

bitten, ihm die richtige Entscheidung einzugeben, und zwar die Lösung, die Allāh (t) für die beste ansieht.
Das Gebet um richtige Eingebung besteht aus zwei normalen Rakʿa, die nicht zu einem Farḍ-Gebet gehören dürfen, sondern nur zu einem beliebigen Gebet freiwilliger Art (Nāfila). Ihnen schließt sich das eigentliche Bittgebet (Duʿāʾ) an, in dem man Allāh (t) um Rechtleitung und Entscheidung bittet. Der Text dieses Gebets lautet:

اللَّهُمَّ إِنِّي أَسْتَخِيرُكَ بِعِلْمِكَ، وَأَسْتَقْدِرُكَ بِقُدْرَتِكَ، وَأَسْأَلُكَ مِنْ فَضْلِكَ العَظِيمِ؛ فَإِنَّكَ تَقْدِرُ وَلاَ أَقْدِرُ، وَتَعْلَمُ وَلاَ أَعْلَمُ، وَأَنْتَ عَلاَّمُ الغُيُوبِ، اللَّهُمَّ إِنْ كُنْتَ تَعْلَمُ أَنَّ هَذَا الأَمْرَ – وَيُسَمِّي حَاجَتَهُ – خَيْرٌ لِي فِي دِينِي وَمَعَاشِي وَعَاقِبَةِ أَمْرِي – أَوْ قَالَ: عَاجِلِهِ وَآجِلِهِ – فَاقْدُرْهُ لِي وَيَسِّرْهُ لِي ثم بَارِكْ لِي فِيهِ، وَإِنْ كُنْتَ تَعْلَمُ أَنَّ هَذَا الأَمْرَ شَرٌّ لِي فِي دِينِي وَمَعَاشِي وَعَاقِبَةِ أَمْرِي – أَوْ قَالَ: عَاجِلِهِ وَآجِلِهِ – فَاصْرِفْهُ عَنِّي وَاصْرِفْنِي عَنْهُ وَاقْدُرْ لِيَ الْخَيْرَ حَيْثُ كَانَ، ثُمَّ أَرْضِنِي بِهِ

Allāhumma innī astaḫīruka bi-ʿilmika, wa astaq-diruka bi-qud-ratika wa as aluka min faḍlika-l-ʿaẓīm, fa innaka taqdiru walā aqdir, wa taʿlamu walā aʿlam, wa anta ʿallāmu-l-ġu-yūb. Allāhumma in kunta taʿlamu anna hāḏa-l-amra ḫairun lī fī dīnī wa maʿāšī wa ʿāqibati amrī (ʿāǧili amrī wa āǧilihi), faq-durhu lī wa yassirhu lī, ṯumma bārik lī fīh, wa inn kunta taʿlamu anna hāḏa-l-amra šarrun lī fī dīni wa maʿāši wa ʿāqibati amrī (fī ʿāǧili amrī wa āǧilihi), faṣ-rifhu ʿannī waṣ-

rifnī ʿanhu waqdur li-ya-l-ḫaira ḥaiṯu kān, ṯumma-r-ḍinī bih.

O Allāh, ich bitte Dich um die Eingebung der richtigen Entscheidung aufgrund Deines Wissens; und ich bitte Dich um Kraft (zur Durchführung des Vorhabens) durch Deine Macht, und ich bitte Dich um Deine unermessliche Gunst. Denn Du hast die Macht (dazu) und ich nicht, und Du weißt (alles), und ich weiß nicht(s); und nur Du kennst das Verborgene!

O Allāh! Wenn Du weißt, dass diese Angelegenheit (hier erwähnt man seine Angelegenheit) gut ist für mich, für meinen Glauben, für meine Lebensführung und für mein Ende (oder sagt: für mein dieseitiges und jenseitiges Leben), so bestimme sie mir und erleichtere sie mir, sie zu erreichen! Und gib mir dann Deinen Segen dazu! Weißt Du aber, dass diese Angelegenheit schlecht ist, für mich, für meinen Glauben, für meine Lebensführung und für mein Ende (oder sagt: für mein dieseitiges und jenseitiges Leben), so wende sie von mir ab und halte mich von ihr fern! Bestimme mir Gutes, wo immer dies auch sei, und mache mich dann zufrieden damit![95]

Anstelle von „hāḏa-l-amra“ (diese Angelegenheit) nennt der Betende genau, was ihn bedrückt. Er schließt das Bittgebet

95 Überliefert bei Al-Buḫāryy

mit dem Lob Allāhs (Al-ḥamdu li-llāh) und der Bitte um Segen und Heil für den Propheten (a.s.s.).[96]

Eine Wiederholung des Istiḫāra-Gebets für dieselbe Angelegenheit ist nicht nötig. Der Betende darf nach dem Gebet jedoch nicht die Maßnahmen ergreifen, denen er selbst zuneigt, sondern muss die Entscheidung ganz Allāh (t) überlassen. Hat Allāh (t) ihm dann die richtige Entscheidung eingegeben, so muss er sich auch an sie halten.

9. Das Tasbīḥ-Gebet

Vom Gesandten Allāhs (a.s.s.) wird überliefert, dass er Al-ʿAbbās Ibn ʿAbdulmuṭṭalib (r) das Tasbīḥ-Gebet folgendermaßen lehrte:

„(...) Du betest vier Rakʿa, in denen du in jeder von ihnen die Al-Fātiḥa und dann ein anderes Stück aus dem Qurʾān rezitierst. Wenn du mit der Rezitation in der ersten Rakʿa fertig bist, dann sprich noch im Qiyām (Stehen) fünfzehnmal:

سبحان الله

والحمد لله

ولا إله إلا الله

والله أكبر

96 Wer dieses Bittgebet (Duʿāʾ) sowie andere Bittgebete, die im Anschluss an das eigentliche Gebet (Ṣalāh) gesprochen werden, nicht auswendig weiß, kann auch das aufgeschlagene Buch vor sich liegen lassen und daraus lesen.

Subḥāna-llāh,
wal-ḥamdu li-llāh,
wa-lā ilāha illa-llāh,
wa-llāhu akbar.
Gepriesen sei Allāh;
und alles Lob gebührt Allāh;
und es ist kein Gott außer Allāh;
und Allāh ist größer.

Danach beugst du dich in den Rukūʿ und sprichst dabei zehnmal diese Worte. Danach erhebst du deinen Oberkörper aus dem Rukūʿ und sprichst sie ebenfalls zehnmal. Wenn du daraufhin im Suğūd niedergefallen bist, sprichst du sie auch zehnmal, ebenso, wenn du dich aus dem Suğūd ins Sitzen erhoben hast, zehnmal, und genauso im zweiten Suğūd zehnmal, und auch, wenn du dich aus dem zweiten Suğūd ins Sitzen erhoben hast. Dies sind insgesamt in jeder Rakʿa fünfundsiebzig; und so verfährst du in allen vier Rakʿa. Kannst du dieses Gebet einmal am Tage verrichten, so tu es; wenn nicht, so einmal in der Woche; wenn auch das nicht, so einmal im Jahr; und wenn du auch das nicht tust, so doch wenigstens einmal im Leben."[97]

10. Das Gebet der Reue (Ṣalātu-t-Tauba)

Wer ein Vergehen oder eine Sünde begangen hat und dies bereut, kann zwei Rakʿa beten und Allāh (t) um Vergebung bitten, die er auch erlangt, wenn seine Reue

---

97   Überliefert bei Abū Dāwūd, Ibn Māğa, Ibn Ḥuzaima und Aṭ-Ṭabarānyy.

aufrichtig ist, d.h., dass er eventuell angerichteten Schaden wiedergutmacht und nicht rückfällig wird und auch nicht im Herzen Verlangen danach trägt, sein Vergehen zu wiederholen oder ein anderes zu begehen. Allāh (t) sagt in Seinem Buch, dem Qur᾿ān:

﴿ وَٱلَّذِينَ إِذَا فَعَلُواْ فَٰحِشَةً أَوْ ظَلَمُوٓاْ أَنفُسَهُمْ ذَكَرُواْ ٱللَّهَ فَٱسْتَغْفَرُواْ لِذُنُوبِهِمْ
وَمَن يَغْفِرُ ٱلذُّنُوبَ إِلَّا ٱللَّهُ وَلَمْ يُصِرُّواْ عَلَىٰ مَا فَعَلُواْ وَهُمْ يَعْلَمُونَ ﴿١٣٥﴾
أُوْلَٰٓئِكَ جَزَآؤُهُم مَّغْفِرَةٌ مِّن رَّبِّهِمْ وَجَنَّٰتٌ تَجْرِى مِن تَحْتِهَا ٱلْأَنْهَٰرُ خَٰلِدِينَ
فِيهَا ۚ وَنِعْمَ أَجْرُ ٱلْعَٰمِلِينَ ﴿١٣٦﴾ ﴾

„Und diejenigen, die - wenn sie etwas Schändliches getan oder gegen sich gesündigt haben - Allāhs gedenken und für ihre Sünden um Vergebung flehen; und wer vergibt die Sünden außer Allāh? - und diejenigen, die nicht auf dem beharren, was sie wissentlich taten, für diese besteht ihr Lohn aus Vergebung von ihrem Herrn und aus Gärten, durch die Bäche fließen; darin werden sie ewig sein, und herrlich ist der Lohn der Wirkenden."[98]

11. Die Niederwerfung bei der Qur᾿ān-Rezitation (Suğūdu-t-Tilāwa)

Rezitiert jemand einen Qur᾿ān-Vers mit einer Stelle, zu der man sich niederwerfen soll, oder hört, wie sie von jemand anderem rezitiert wird, so ist es erwünscht und Sunna,

98 Sura 3 (Āl-ʿImrān, Das Haus ʿImrāns): 135-136.

dass, sowohl der Hörende als auch der Rezitierende „Allāhu akbar" sagen, sich einmal niederwerfen und dann, wenn sie sich ins Sitzen erheben, nochmals „Allāhu akbar" sagen. Diese vom Propheten (a.s.s.) und seinen Gefährten überlieferte Niederwerfung wird „Suǧūdu-t-Tilāwa" genannt, und sie besitzt weder Tašahhud noch Taslīm.
Von Abu Huraira (r) wird überliefert, dass der Gesandte Allāhs, Allāhs Segen und Friede auf ihm sagte:

«إِذَا قَرَأَ ابْنُ آدَمَ السَّجْدَةَ فَسَجَدَ اعْتَزَلَ الشَّيْطَانُ يَبْكِي يَقُولُ يَا وَيْلَهُ وَفِي رِوَايَةِ أَبِي كُرَيْبٍ يَا وَيْلِي أُمِرَ ابْنُ آدَمَ بِالسُّجُودِ فَسَجَدَ فَلَهُ الْجَنَّةُ وَأُمِرْتُ بِالسُّجُودِ فَأَبَيْتُ فَلِي النَّارُ.»

„Wenn der Sohn Adams eine Saǧda[99] rezitiert und sich dabei niederwirft, zieht sich Satan weinend zurück und spricht: »O weh. Es wurde ihm (dem Menschen von Allāh) befohlen, sich niederzuwerfen, und da tut er es auch. Dafür kommt er ins Paradies. Auch mir wurde befohlen, mich niederzuwerfen, doch ich war ungehorsam (und tat es nicht).[100] Dafür komme ich ins Höllenfeuer«."[101]

Diese Niederwerfung führt man jedesmal dann durch, wenn man bei der Qur᾽ān-Rezitation an bestimmte Stellen

99 Niederwerfung bei bestimmten Stellen der Qur᾽ān-Rezitation; Qur᾽ān-Vers, in dem die Niederwerfung erwähnt wird.

100 vgl. Qur᾽ān 2:34; 38:70-74

101 Überliefert bei Muslim, Aḥmad und Ibn Māǧa

kommt. Es gibt davon fünfzehn[102], und sie sind in den meisten Qur'ān-Ausgaben mit dem Wort سَجْدَة Sağda (Niederwerfung), am Rande des Textes gekennzeichnet. Man wirft sich immer nach Beendigung eines ganzen Qur'ān-Verses nieder, nie mitten im Vers, und zwar an den im Anhang genannten Stellen.

Die Mehrzahl der Gelehrten setzt für die Niederwerfung bei der Rezitation dieselben Bedingungen wie für das Gebet (Ṣalāh) voraus, also die rituelle Reinheit (Ṭuhūr), das Einnehmen der Gebetsrichtung (Qibla) und das Bedecken der Blöße.

Außer den üblichen Worten für den Suğūd (dreimal „subḥāna rabbiya-l-aʿlā") kann man auch folgenden Duʿā' sprechen:

سَجَدَ وَجْهِيَ لِلَّذِي خَلَقَهُ، وَشَقَّ سَمْعَهُ وَبَصَرَهُ بِحَوْلِهِ وَقُوَّتِهِ، فَتَبَارَكَ اللَّهُ أَحْسَنُ الْخَالِقِينَ

Sağada wağhi li-llaḏī ḫalaqahu
wa-šaqqa samʿahu wa-baṣarahu bi-ḥaulihi
wa-qu-watihi, fa-tabāraka-llāhu aḥsanu-l-ḫāliqīn.

Mein Gesicht wirft sich nieder vor Dem,
Der es erschaffen und ihm durch Seine Macht und
Kraft Gehör und Augen eingepflanzt hat.
Vollen Segens ist darum Allāh, der beste Schöpfer.

---

102 Vgl. As-Sayyid Sabiq, Fiqh-us-Sunna, Seite 154. Die genaue Anzahl weicht je nach Rechtsschule voneinander ab.

Auch beim Gebet kann es vorkommen, dass man einen Qur᾽ān-Vers rezitiert, der eine Sağda enthält, bei dem man sich also niederwerfen muss - sei es als einzeln Betender oder als Imām, bei hörbarer oder lautloser Rezitation. Beim Gemeinschaftsgebet werfen sich dann die Gläubigen mit dem Imām nieder und stehen wieder auf, wenn er aufsteht, um die Rezitation fortzusetzen.
Rezitiert man selbst oder hört man ein und dieselbe Stelle mit einer Sağda mehrmals hintereinander, so genügt es, sich ein einziges Mal nach Beendigung der Rezitation niederzuwerfen.
Die Mehrzahl der Gelehrten ist der Ansicht, dass es wünschenswert ist, eine Niederwerfung nachzuholen, wenn man sie versäumt hat, solange nach dem Rezitieren oder Anhören der Qur᾽ān-Stelle mit einer Sağda noch nicht viel Zeit verstrichen ist.

12. Die Niederwerfung zum Dank (Sağdatu-š-šukr)

Die Mehrzahl der Gelehrten ist sich darüber einig, dass die Niederwerfung zum Dank (Sağdatu-š-Šukr) erwünscht ist von demjenigen, dem eine besondere Gnade von Allāh (t) zuteil geworden oder von dem ein Unglück abgewendet worden ist.
Es wird vom Gesandten Allāhs (a.s.s.) und seinen Gefährten berichtet, auf welche Weise sie dies taten. So überliefert Al-Baihaqyy, der Prophet (a.s.s.) habe sich zum Dank (vor Allāh) niedergeworfen, als ihm ʿAlyy (r) schrieb, der Stamm Hamaḏān sei zum Islam übergetreten. Danach habe der

Prophet (a.s.s.) seinen Kopf wieder erhoben, sich in die sitzende Stellung aufgerichtet und gesagt: „Friede sei auf Hamadān, Friede sei auf Hamadān."
Die Niederwerfung zum Dank steht jedoch nicht auf derselben Stufe wie die Niederwerfung im Gebet; so benötigt man zu ihrer Verrichtung weder die rituelle Reinheit des Körpers noch der Kleidung oder des Ortes. Auch enthält sie keinen Takbīr oder Taslīm.

13. Das Gebet des Kranken (Ṣalātu-l-Marīḍ)

Allāh (t) ist Allbarmherzig und Nachsichtig. Deshalb erlaubt Er auch dem Kranken Erleichterungen für das Gebet. Das Gespräch mit dem Schöpfer soll nicht durch Qualen und Schmerzen beeinträchtigt werden. Das Gebet ist aber andererseits von so großer Wichtigkeit, dass Allāh (t) es dem Kranken doch nicht ganz erlassen hat. Die Pflicht zur Verrichtung des Farḍ-Gebets besteht also auch für den Kranken.
Die Erleichterung besteht darin, dass der Kranke in der Körperstellung bzw. Körperlage beten darf, in der ihm die Verrichtung des Gebets am einfachsten oder schmerzlosesten möglich ist, also auch sitzend oder gar liegend. Die einzelnen Bewegungsabläufe werden dann je nach Vermögen nur angedeutet.
Bei schwerer Krankheit, in der der Gläubige von Zeit zu Zeit von Bewusstlosigkeit ergriffen wird, oder bei Schwierigkeiten, den Wuḍūʾ auszuführen, können auch

die Regeln des Zusammenfassens zweier Gebete und des Tayammums angewendet werden.[103]

14. Das Gebet bei Furcht vor Angriffen (Ṣalātu-l-Ḫauf)

Im Krieg gibt es ebenfalls eine Gebetserleichterung, wenn ein Angriff befürchtet wird.

Bezüglich der Form gibt es verschiedene Lehrmeinungen. Grundprinzip ist, dass eine Gruppe geteilt wird, wobei der erste Teil zunächst mit dem Imām zwei Rakʿa betet und sich hiernach zum Kampf oder Wachdienst zurückbegibt, woraufhin dann der zweite Teil mit demselben Imām zwei Rakʿa betet. Die Bestimmungen hierfür finden sich sowohl in verschiedenen Ḥadīṯen als auch in der vierten Sura, An-Nisāʾ, Die Frauen, Vers 101f., wie folgt:

﴿وَإِذَا ضَرَبْتُمْ فِي ٱلْأَرْضِ فَلَيْسَ عَلَيْكُمْ جُنَاحٌ أَن تَقْصُرُوا۟ مِنَ ٱلصَّلَوٰةِ إِنْ خِفْتُمْ أَن يَفْتِنَكُمُ
ٱلَّذِينَ كَفَرُوٓا۟ ۚ إِنَّ ٱلْكَٰفِرِينَ كَانُوا۟ لَكُمْ عَدُوًّا مُّبِينًا ﴿١٠١﴾ وَإِذَا كُنتَ فِيهِمْ فَأَقَمْتَ لَهُمُ
ٱلصَّلَوٰةَ فَلْتَقُمْ طَآئِفَةٌ مِّنْهُم مَّعَكَ وَلْيَأْخُذُوٓا۟ أَسْلِحَتَهُمْ فَإِذَا سَجَدُوا۟ فَلْيَكُونُوا۟
مِن وَرَآئِكُمْ وَلْتَأْتِ طَآئِفَةٌ أُخْرَىٰ لَمْ يُصَلُّوا۟ فَلْيُصَلُّوا۟ مَعَكَ وَلْيَأْخُذُوا۟
حِذْرَهُمْ وَأَسْلِحَتَهُمْ ۗ وَدَّ ٱلَّذِينَ كَفَرُوا۟ لَوْ تَغْفُلُونَ عَنْ أَسْلِحَتِكُمْ وَأَمْتِعَتِكُمْ
فَيَمِيلُونَ عَلَيْكُم مَّيْلَةً وَٰحِدَةً ۚ وَلَا جُنَاحَ عَلَيْكُمْ إِن كَانَ بِكُمْ أَذًى مِّن مَّطَرٍ
أَوْ كُنتُم مَّرْضَىٰٓ أَن تَضَعُوٓا۟ أَسْلِحَتَكُمْ ۖ وَخُذُوا۟ حِذْرَكُمْ ۗ إِنَّ ٱللَّهَ أَعَدَّ لِلْكَٰفِرِينَ
عَذَابًا مُّهِينًا ﴿١٠٢﴾﴾

103 Siehe Kapitel J (3) und (4)

„Und wenn ihr durch das Land zieht, so ist es keine Sünde für euch, wenn ihr das Gebet verkürzt, wenn ihr fürchtet, die Ungläubigen könnten euch bedrängen. Wahrlich, die Ungläubigen sind eure offenkundigen Feinde. Und wenn du unter ihnen bist und für sie das Gebet anführst, so soll ein Teil von ihnen (für das Gebet) bei dir stehen, doch sollen sie ihre Waffen tragen. Und wenn sie sich niederwerfen, so sollen sie hinter euch treten und eine andere Abteilung, die noch nicht gebetet hat, soll mit dir beten; doch sollen sie auf der Hut sein und ihre Waffen bei sich haben. Die Ungläubigen sähen es gerne, dass ihr eure Waffen und euer Gepäck außer acht ließet, so dass sie euch auf einmal überfallen könnten. Und es ist keine Sünde für euch, wenn ihr eure Waffen ablegt, falls ihr unter Regen leidet oder krank seid. Seid jedoch (immer) auf der Hut. Wahrlich, Allāh hat für die Ungläubigen eine schmähliche Strafe bereitet."

Die genaue Durchführung dieses Gemeinschaftsgebets richtet sich nach der jeweiligen Situation, z.B., ob sich der Feind von den Muslimen aus gesehen in Gebetsrichtung befindet oder in der entgegengesetzten usw.
Lässt die Situation auch eine solche Form des Gebets nicht mehr zu, so kann der Muslim allein und in jeder geeigneten Form beten, im Sitzen, Liegen, Laufen, indem er Rukūʿ und Suǧūd nur andeutet und auch die Gebetsrichtung nicht mehr einhalten muss. So kann er also unter bestimmten Bedingungen ähnlich wie der Kranke oder wie der Reisende

in seinem Gebet verfahren. Dies gilt auch für den Verfolger und den Verfolgten unter den Muslimen.

15. Das Gebet in der Nacht (Tahağğud)

Das Gebet in der Nacht ist ein freiwillges Gebet und darf nicht mit dem „Nachtgebet" verwechselt werden; denn es handelt sich beim „Nachtgebet" um ein Pflichtgebet, das man nicht unterlassen darf, während es sich beim anderen um ein freiwilliges Gebet handelt, das man fallen lassen darf. Näheres darüber im Anhang „Das Gebet in der Nacht (Tahağğud) wie es in der Sunna vorkommt."

Anhang

Im Anhang sind folgende Bereiche enthalten:

- Einige Suren aus dem Qur᾽ān für die Rezitation beim Gebet.
- Das Gebet in der Nacht (Tahağğud), wie es in der Sunna vorkommt.
- Einige Bittgebete aus dem Qur᾽ān.
- Einige Bittgebete aus der Sunna.
- Übersicht der Qur᾽ān-Verse, in denen das Farḍ-Gebet erwähnt wird.
- Die Stellen im Qur᾽ān, bei denen die Niederwerfung bei der Rezitation (Suğūdu-t-Tilāwa) vorgenommen wird.
- Erläuterungen der Termini
- Alles Lob gebührt Allāh (Schlusstext in arabischer Sprache)

Einige Suren aus dem Qurʾān für die Rezitation beim Gebet

(1) Sura Al-Fātiḥa (Die Eröffnende)

(offenbart zu Makka)

Bismi-llāhi-r-rāḥmāni-r-raḥīm. (1) Al-ḥamdu li-llāhi rabbi-l-ʿālamīn (2), Ar-raḥmāni-r-raḥīm (3), Māliki yaumi-d-dīn. (4) Iy-yāka naʿbudu wa iy-yāka nastaʿīn. (5) Ihdina-ṣ-ṣirāṭa-l-mustaqīm (6), Ṣirāṭa-llaḏīna anʿamta ʿalaihim, ġairi-l-maġḍūbi ʿalaihim, wa-la-ḍ-ḍālīn. (7).

Im Namen Allāhs,
des Allerbarmers, des Barmherzigen. (1)
Alles Lob gebührt Allāh, dem Herrn der Welten (2),
dem Allerbarmer, dem Barmherzigen (3),
dem Herrscher am Tage des Gerichts. (4)
Dir (allein) dienen wir,
und Dich (allein) bitten wir um Hilfe. (5)
Führe uns den geraden Weg (6),
den Weg derer, denen Du Gnade erwiesen hast,
nicht (den Weg) derer, die (Deinen) Zorn erregt haben,
und nicht (den Weg) der Irregehenden. (7).

سُورَةُ الفَاتِحَة

بِسۡمِ ٱللَّهِ ٱلرَّحۡمَٰنِ ٱلرَّحِيمِ ١

ٱلۡحَمۡدُ لِلَّهِ رَبِّ ٱلۡعَٰلَمِينَ ٢

ٱلرَّحۡمَٰنِ ٱلرَّحِيمِ ٣ مَٰلِكِ يَوۡمِ ٱلدِّينِ ٤

إِيَّاكَ نَعۡبُدُ وَإِيَّاكَ نَسۡتَعِينُ ٥ ٱهۡدِنَا

ٱلصِّرَٰطَ ٱلۡمُسۡتَقِيمَ ٦ صِرَٰطَ ٱلَّذِينَ أَنۡعَمۡتَ

عَلَيۡهِمۡ غَيۡرِ ٱلۡمَغۡضُوبِ عَلَيۡهِمۡ

وَلَا ٱلضَّآلِّينَ ٧

(87) Sura Al-Aʿlā (Der Allerhöchste)

(offenbart zu Makka)

Bismi-llāhi-r-rāḥmāni-r-raḥīm.

Sabbiḥi-sma rabbika-l-aʿlā (1); allaḏī ḫalaqa fa-sawwā (2), wa-llaḏī qaddara fa hadā (3), wa-llaḏī aḫraǧa-l-marʿā (4) fa-ǧaʿalahu ġuṯāʾan aḥwā (5); sanuq-riʾuka falā tansā (6), illā māšāʾa-llāh; innahu yaʿlamu-l-ǧahra wa-mā yaḫfā (7); wa nu-yassiruka lil-yusrā (8), fa-ḏakkir inn-nafaʿati-ḏ-ḏikrā (9); sa-yaḏḏakkaru may-yaḫšā (10), wa yataǧan-nabuha-l-ašqā (11), allaḏī yaṣla-n-nāra-l-kubrā (12), ṯumma lā yamūtu fīhā walā yaḥyā (13); qad aflaḥa man tazakkā (14), wa ḏakara-sma rabbihi fa-ṣalla (15); ball tuʾṯirūna-l-ḥayāta-d-dunyā (16), wal āḫiratu ḫairu-wa abqā (17); inna hāḏā lafi-ṣ-ṣuḥifi-l-ūlā (18), ṣuḥifi Ibrāhīma wa Mūsā. (19).

Im Namen Allāhs,
des Allerbarmers, des Barmherzigen.

Preise den Namen deines Allerhöchsten Herrn (1). Der erschaffen und geformt hat (2), Der bestimmt und leitet (3), Der die Weide hervorbringt (4) und sie zu versengter Spreu macht. (5) Wir werden dir (den Qurʾān) verlesen lassen, und du sollst (ihn) nicht vergessen (6), es sei denn, was Allāh will; denn Er kennt das Offenkundige und das Verborgene. (7) Und Wir werden es dir zum Heil leicht machen. (8) So ermahne, wo die Ermahnung nützt. (9) Mahnen lassen wird sich derjenige, der gottesfürchtig ist (10); Ermahnung meiden wird der Unselige (11), der im größten Feuer brennt (12), und in ihm wird er weder sterben noch leben. (13) Erfolgreich ist wahrlich derjenige, der sich rein hält (14) und des Namens seines Herrn gedenkt (und) alsdann betet. (15) Doch ihr zieht das irdische Leben vor (16), wo doch das Jenseits besser und dauerhafter ist. (17) Dies stand wahrlich in den ersten Schriften (18), den Schriften Abrahams und Mosesʿ. (19).

بِسْمِ ٱللَّهِ ٱلرَّحْمَٰنِ ٱلرَّحِيمِ

﴿ سَبِّحِ ٱسْمَ رَبِّكَ ٱلْأَعْلَى ١ ٱلَّذِى خَلَقَ فَسَوَّىٰ ٢ وَٱلَّذِى
قَدَّرَ فَهَدَىٰ ٣ وَٱلَّذِىٓ أَخْرَجَ ٱلْمَرْعَىٰ ٤ فَجَعَلَهُۥ غُثَآءً أَحْوَىٰ
٥ سَنُقْرِئُكَ فَلَا تَنسَىٰٓ ٦ إِلَّا مَا شَآءَ ٱللَّهُ ۚ إِنَّهُۥ يَعْلَمُ ٱلْجَهْرَ وَمَا
يَخْفَىٰ ٧ وَنُيَسِّرُكَ لِلْيُسْرَىٰ ٨ فَذَكِّرْ إِن نَّفَعَتِ ٱلذِّكْرَىٰ ٩
سَيَذَّكَّرُ مَن يَخْشَىٰ ١٠ وَيَتَجَنَّبُهَا ٱلْأَشْقَى ١١ ٱلَّذِى يَصْلَى ٱلنَّارَ
ٱلْكُبْرَىٰ ١٢ ثُمَّ لَا يَمُوتُ فِيهَا وَلَا يَحْيَىٰ ١٣ قَدْ أَفْلَحَ مَن تَزَكَّىٰ
١٤ وَذَكَرَ ٱسْمَ رَبِّهِۦ فَصَلَّىٰ ١٥ بَلْ تُؤْثِرُونَ ٱلْحَيَوٰةَ ٱلدُّنْيَا
١٦ وَٱلْءَاخِرَةُ خَيْرٌ وَأَبْقَىٰٓ ١٧ إِنَّ هَٰذَا لَفِى ٱلصُّحُفِ
ٱلْأُولَىٰ ١٨ صُحُفِ إِبْرَٰهِيمَ وَمُوسَىٰ ١٩ ﴾

(103) Sura Al-ʿAṣr (Der Nachmittag)

(offenbart zu Makka)

Bismi-llāhi-r-rāḥmāni-r-raḥīm.
Wal-ʿAṣr (1), inna-l-insāna lafī ḫusr (2), illa-l-laḏīna āmanu wa-ʿamilu-ṣ-ṣāliḥāti, wa-tawāṣau bil-ḥaqqi wa-tawāṣau biṣ-ṣabr. (3)

Im Namen Allāhs,
des Allerbarmers, des Barmherzigen.
Beim Nachmittag. (1) Die Menschen sind wahrlich im Verlust (2); außer denjenigen, die glauben und gute Werke tun und sich gegenseitig die Wahrheit ans Herz legen und sich gegenseitig zur Geduld anhalten. (3)

(108) Sura Al-Kauṯar (Die Überfülle)

(offenbart zu Makka)

Bismi-llāhi-r-rāḥmāni-r-raḥīm.
Innā aʿṭaināka-l-Kauṯar (1), fa-ṣalli li-rabbika wan-ḥar (2), inna šāni-aka huwa-l-abtar. (3)

Im Namen Allāhs,
des Allerbarmers, des Barmherzigen.
Wir haben dir die Überfülle gegeben. (1) Darum bete zu deinem Herrn und schlachte (Opfertiere). (2) Wahrlich, der dich hasst, ist es, der (vom Segen der Nachkommenschaft) abgeschnitten ist. (3)

بِسْمِ ٱللَّهِ ٱلرَّحْمَٰنِ ٱلرَّحِيمِ

﴿ وَٱلْعَصْرِ ﴿١﴾ إِنَّ ٱلْإِنسَٰنَ لَفِى خُسْرٍ ﴿٢﴾ إِلَّا ٱلَّذِينَ
ءَامَنُوا۟ وَعَمِلُوا۟ ٱلصَّٰلِحَٰتِ وَتَوَاصَوْا۟ بِٱلْحَقِّ وَتَوَاصَوْا۟
بِٱلصَّبْرِ ﴿٣﴾ ﴾

بِسْمِ ٱللَّهِ ٱلرَّحْمَٰنِ ٱلرَّحِيمِ

﴿ إِنَّآ أَعْطَيْنَٰكَ ٱلْكَوْثَرَ ﴿١﴾ فَصَلِّ لِرَبِّكَ وَٱنْحَرْ
﴿٢﴾ إِنَّ شَانِئَكَ هُوَ ٱلْأَبْتَرُ ﴿٣﴾ ﴾

(109) Sura Al-Kāfirūn (Die Ungläubigen)

(offenbart zu Makka)

Bismi-llāhi-r-rāḥmāni-r-raḥīm.
Qull yā ai-yuha-l-kāfirūn. (1), lā aʿbudu mā taʿbudūn (2); walā antum ʿābidūna mā aʿbud (3); walā anā ʿābidum-mā ʿabattum (4), walā antum ʿābidūna mā aʿbud (5). Lakum dīnukum wa-liya dīn. (6)

Im Namen Allāhs,
des Allerbarmers, des Barmherzigen.
Sprich: „O ihr Ungläubigen! (1) Ich diene nicht dem, dem ihr dient (2), und ihr dient nicht Dem, Dem ich diene. (3) Und ich werde nicht Diener dessen sein, dem ihr dient (4), und ihr dient nicht Dem, Dem ich diene. (5) Ihr habt eure Religion, und ich habe meine Religion." (6)

(112) Sura Al-Iḫlāṣ (Die aufrichtige Ergebenheit)

(offenbart zu Makka)

Bismi-llāhi-r-rāḥmāni-r-raḥīm.
Qull hu-wa-llāhu aḥad (1), Allāhu-ṣ-ṣamad (2), lamm yalid wa-lamm yūlad (3), wa-lamm yakul-lahū kuff-wan aḥad. (4)

Im Namen Allāhs,
des Allerbarmers, des Barmherzigen.
Sprich: „Er ist Allāh, ein Einziger (1), Allāh, der Absolute (Ewige Unabhängige, von Dem alles abhängt). (2) Er zeugt nicht und ist nicht gezeugt worden (3), und Ihm ebenbürtig ist keiner." (4)

بِسْمِ ٱللَّهِ ٱلرَّحْمَٰنِ ٱلرَّحِيمِ

﴿قُلْ يَٰٓأَيُّهَا ٱلْكَٰفِرُونَ ١ لَآ أَعْبُدُ مَا
تَعْبُدُونَ ٢ وَلَآ أَنتُمْ عَٰبِدُونَ مَآ أَعْبُدُ ٣ وَلَآ أَنَا۠
عَابِدٌ مَّا عَبَدتُّمْ ٤ وَلَآ أَنتُمْ عَٰبِدُونَ مَآ أَعْبُدُ ٥
لَكُمْ دِينُكُمْ وَلِىَ دِينِ ٦﴾

بِسْمِ ٱللَّهِ ٱلرَّحْمَٰنِ ٱلرَّحِيمِ

﴿قُلْ هُوَ ٱللَّهُ أَحَدٌ ١ ٱللَّهُ ٱلصَّمَدُ ٢ لَمْ
يَلِدْ وَلَمْ يُولَدْ ٣ وَلَمْ يَكُن لَّهُۥ كُفُوًا
أَحَدٌۢ ٤﴾

(113) Sura Al-Falaq (Das Frühlicht)

(offenbart zu Makka)

Bismi-llāhi-r-rāḥmāni-r-raḥīm.
Qull aʿūḏu bi-rabbi-l-falaq (1), min šarri mā ḫalaq (2), wa-min šarri ġāsiqin iḏā waqab (3), wa-min šarri-n-naffāṯāti fil-ʿuqad (4), wa-min šarri ḥāsidin iḏā ḥasad. (5)

Im Namen Allāhs, des Allerbarmers, des Barmherzigen.
Sprich: „Ich nehme meine Zuflucht beim Herrn des Frühlichts (1) vor dem Übel dessen, was Er erschaffen hat (2), und vor dem Übel der Dunkelheit, wenn sie hereinbricht (3), und vor dem Übel der Knotenanbläserinnen (4) und vor dem Übel eines (jeden) Neiders, wenn er neidet." (5)

(114) Sura An-Nās (Die Menschen)

(offenbart zu Makka)

Bismi-llāhi-r-rāḥmāni-r-raḥīm.
Qull aʿūḏu bi-rabbi-n-nās (1), Maliki-n-nās (2), Ilāhi-n-nās (3), min šarri-l-waswāsi-l-ḫannās (4), allaḏi yu-waswisu fī ṣudūri-n-nās (5), mina-l-ǧinnati wan-nās. (6)

Im Namen Allāhs, des Allerbarmers, des Barmherzigen.
Sprich: „Ich nehme meine Zuflucht beim Herrn der Menschen (1), dem König der Menschen (2), dem Gott der Menschen (3) vor dem Übel des Einflüsterers, der entweicht und wiederkehrt (4), der den Menschen in die Brust einflüstert (5), (sei dieser) von den Ǧinn oder den Menschen." (6)

بِسْمِ ٱللَّهِ ٱلرَّحْمَٰنِ ٱلرَّحِيمِ

﴿ قُلْ أَعُوذُ بِرَبِّ ٱلْفَلَقِ ﴿١﴾ مِن شَرِّ مَا خَلَقَ ﴿٢﴾
وَمِن شَرِّ غَاسِقٍ إِذَا وَقَبَ ﴿٣﴾ وَمِن شَرِّ ٱلنَّفَّٰثَٰتِ
فِى ٱلْعُقَدِ ﴿٤﴾ وَمِن شَرِّ حَاسِدٍ إِذَا حَسَدَ ﴿٥﴾ ﴾

بِسْمِ ٱللَّهِ ٱلرَّحْمَٰنِ ٱلرَّحِيمِ

﴿ قُلْ أَعُوذُ بِرَبِّ ٱلنَّاسِ ﴿١﴾ مَلِكِ ٱلنَّاسِ ﴿٢﴾
إِلَٰهِ ٱلنَّاسِ ﴿٣﴾ مِن شَرِّ ٱلْوَسْوَاسِ ٱلْخَنَّاسِ
﴿٤﴾ ٱلَّذِى يُوَسْوِسُ فِى صُدُورِ ٱلنَّاسِ ﴿٥﴾ مِنَ
ٱلْجِنَّةِ وَٱلنَّاسِ ﴿٦﴾ ﴾

Das Gebet in der Nacht (Tahağğud), wie es in der Sunna vorkommt[104]

Ḥuḏaifa, Allāhs Wohlgefallen auf ihm, berichtete: „Der Prophet, Allāhs Segen und Friede auf ihm, pflegte - wenn er ein freiwilliges Gebet in der Nacht (Tahağğud) verrichten wollte - seinen Mund mit dem Siwāk zu reinigen.“

ʿĀʾiša, Allāhs Wohlgefallen auf ihr, berichtete: „Der Gesandte Allāhs, Allāhs Segen und Friede auf ihm, betete gewöhnlich elf Rakʿa. Dies war sein Gebet (in der Nacht): Seine Niederwerfung dauerte so lange, dass jemand von euch währenddessen fünfzig Qurʾān-Verse hätte rezitieren können, ehe er seinen Kopf wieder erhob. Er verrichtete zwei Rakʿa vor dem Morgengebet (Fağr); dann legte er sich solange auf seine rechte Seite, bis er den Gebetsrufer hörte.“

ʿĀʾiša, Allāhs Wohlgefallen auf ihr, berichtete ferner: „Der Prophet, Allāhs Segen und Friede auf ihm, verrichtete gewöhnlich dreizehn Rakʿa in der Nacht, zu denen solche des Witr und die zwei Rakʿa vor dem Morgengebet gehörten.“

ʿAbdullāh Ibn ʿAmr Ibn Al-ʿĀṣ, Allāhs Wohlgefallen auf beiden, berichtete: „Der Gesandte Allāhs, Allāhs Segen und Friede auf ihm, sagte zu mir: »Das Gebet, das Allāh am meisten liebt, ist das Gebet des Dāwūd (David), Allāhs Friede auf ihm; und das Fasten, das Allāh am meisten liebt, ist das Fasten des Dāwūd, Allāhs Friede auf ihm; denn er schlief die Hälfte der Nacht, betete ein Drittel davon und schlief wiederum ein Sechstel davon. Er fastete einen Tag und aß gewöhnlich am anderen Tag.«“

---

104 Auszugsweise aus dem Ṣaḥīḥ Al-Buḫāryy, Islamische Bibliothek, Düsseldorf.

ʿAbdullāh Ibn ʿAmr, Allāhs Wohlgefallen auf beiden, berichtete: „Der Prophet, Allāhs Segen und Friede auf ihm, sagte zu mir: »Ich wurde davon unterrichtet, dass du die ganze Nacht hindurch betest und am Tag fastest!« Ich sagte zu ihm: »Ja, das tue ich!« Der Prophet sagte: »Wenn du so verfährst, werden deine Augen tiefliegend und dein Wille gebrochen sein. Du selbst hast ein Recht (auf Leben) und deine Familie hat auch (dir gegenüber) ein Recht. Somit sollst du fasten und essen, beten und schlafen!«"

ʿAbdullāh, Allāhs Wohlgefallen auf ihm, berichtete: „Es wurde in der Gegenwart des Propheten, Allāhs Segen und Friede auf ihm, ein Mann erwähnt, der bis zum Morgen durchschlief und nicht zum Gebet aufstand, da sagte der Prophet: »Satan hat in sein Ohr uriniert.«"

ʿUbāda Ibn Aṣ-Ṣāmit berichtete, dass der Prophet, Allāhs Segen und Friede auf ihm, sagte: „Wer an Schlaflosigkeit während der Nacht leidet und spricht: »lā ilāha illa-llāhu waḥdahu lā šarīka lah. Lahu-l-mulku wa-lahu-l-ḥamd, wa-huwa ʿalā kulli šaiʾin qadīr. Al-ḥamdu lillāh; wa-subḥāna-llāh; wa-lā ilāha illa-llāh, wa-llāhu akbar; wa-la ḥaula wa-la quwwata illā bi-llāh«[105] und anschließend spricht: >Allāhumma-ġfir lī<[106], oder wenn er ein Bittgebet spricht, so wird er erhört. Wäscht er sich dann zum Gebet, so wird sein Gebet angenommen."

Abū Huraira, Allāhs Wohlgefallen auf ihm, berichtete: „Der Gesandte Allāhs, Allāhs Segen und Friede auf ihm, sagte: »Unser Herr der Segensreiche und Erhabene begibt Sich Gnädig in jeder Nacht zum Himmel dieser Welt, wenn das letzte Drittel der Nacht

105 = Es ist kein Gott da außer Allāh, dem Einzigen, Der keinen Partner hat. Ihm gehört das Königreich und Ihm gebührt alles Lob, und Er hat Macht über alle Dinge. Alles Lob gebührt Allāh, und Gepriesen sei Allāh, und kein Gott ist da außer Allāh, und Allāh ist größer, und es gibt keine Macht und keine Kraft außer durch Allāh.

106 = O Allāh mein Gott, vergib mir (meine Sünden).

übrig bleibt, und sagt: >Wer ruft Mich, so dass Ich ihn erhöre? Wer bittet Mich, so dass Ich ihm gebe? Wer verlangt Vergebung von Mir, so dass Ich ihm vergebe?<«"

Abū Huraira, Allāhs Wohlgefallen auf ihm, berichtete: „Der Gesandte Allāhs, Allāhs Segen und Friede auf ihm, sagte: »Wenn einer von euch schläft, bindet Satan über seinem Nacken drei Knoten, indem er jeden Knoten mit den Worten schließt: >Dir steht eine lange Nacht bevor, so versinke im Schlaf.< Wenn er aber aufsteht und Allāhs gedenkt, so löst sich ein Knoten; wenn er sich für das Gebet wäscht, löst sich ein weiterer Knoten; und wenn er betet, löst sich noch ein Knoten. Morgens fühlt er sich voller Kraft und glückselig, anderenfalls fühlt er sich missbehaglich und faul.«"

Anas Ibn Mālik, Allāhs Wohlgefallen auf ihm, berichtete: „Der Prophet, Allāhs Segen und Friede auf ihm, betrat (das Haus) und sah dort ein zwischen zwei Masten gespanntes Seil. Er fragte: »Was ist das für ein Seil?« Und ihm wurde gesagt: »Dies ist das Seil der Zainab, das sie (während des Gebets) zum Festhalten benutzt, wenn sie fühlt, dass ihre Kraft nachlässt!« Der Prophet, Allāhs Segen und Friede auf ihm, sagte: »Das ist keinesfalls schön. Jeder von euch soll nach eigener Tatkraft beten, und wenn er sich schwach fühlt, soll er sich setzen.«"

Ibn ʿAbbās, Allāhs Wohlgefallen auf beiden, berichtete: „Das Gebet des Propheten, Allāhs Segen und Friede auf ihm, bestand gewöhnlich aus dreizehn Rakʿa." Er meinte das „Gebet in der Nacht".

Ibn ʿAbbās, Allāhs Wohlgefallen auf ihm, berichtete ferner: „Der Prophet, Allāhs Segen und Friede auf ihm, pflegte - wenn er in der Nacht beten wollte - zu sagen: »O Allāh, Dir gebührt alles Lob. Du bist der Erhalter der Himmel und der Erde und dessen, was in den beiden ist. Du bist des Lobes würdig, und Dir ist das

Königreich der Himmel und der Erde und dessen, was in den beiden ist. Du bist des Lobes würdig, und Du bist das Licht der Himmel und der Erde. Dir gebührt alles Lob, Du bist der König der Himmel und der Erde, und Du bist des Lobes würdig, Du bist die Wahrheit, und Deine Verheißung ist die Wahrheit, die Begegnung mit Dir ist wahr, Dein Wort ist wahr, und das Paradies ist wahr, und das Höllenfeuer ist wahr, und die Propheten sind wahr, und Muḥammad, Allāhs Segen und Friede auf ihm, ist wahr. Die Stunde ist wahr. O Allāh, Dir bin ich ergeben (aslamtu), und an Dich bin ich gläubig, auf Dich vertraue ich, zu Dir kehre ich reumütig zurück, mit Deiner Beweismacht streite ich, und auf Dein Richten verlasse ich mich, so vergib mir das, was ich (an Missetaten) einst beging und künftig begehen würde, und was ich heimlich oder offensichtlich tue. Du bestimmst das Erste, und Du bestimmst das Letzte, und kein Gott ist da außer Dir.« Abdulkarīm Abū Umaiyya berichtete, dass der Prophet noch hinzufügte: »... und es gibt keine Macht und keine Kraft außer durch Allāh.«"

Masrūq berichtete: „Ich erkundigte mich bei ʿĀʾiša, Allāhs Wohlgefallen auf ihr, über das „Gebet in der Nacht" des Gesandten Allāhs, Allāhs Segen und Friede auf ihm, und sie antwortete: »(Er verrichtete verschiedentlich) sieben, neun und elf (Rakʿa) außer den beiden (freiwilligen) Rakʿa vor dem Morgengebet.«"

Masrūq berichtete ferner: „Ich fragte ʿĀʾiša, Allāhs Wohlgefallen auf ihr: »Welche Tat liebte der Prophet, Allāhs Segen und Friede auf ihm, am meisten?« Sie antwortete: »Die dauerhafte!« Ich fragte weiter: »Wann stand er auf, um das „Gebet in der Nacht" zu verrichten?« Sie sagte: »Er stand auf, sobald er den Hahn krähen hörte.«"

Sālim berichtete von seinem Vater, Allāhs Wohlgefallen auf ihm, dass dieser sagte: „Es war üblich zu Lebzeiten des Propheten,

Allāhs Segen und Friede auf ihm, dass derjenige, der einen Traum sah, diesen dem Gesandten Allāhs, Allāhs Segen und Friede auf ihm, erzählte. Ich wünschte mir, dass ich auch im Traum etwas sähe, von dem ich dem Gesandten Allāhs, Allāhs Segen und Friede auf ihm, berichten dürfte. Seinerzeit war ich noch ein junger Mann, und zur Zeit des Gesandten Allāhs, Allāhs Segen und Friede auf ihm, schlief ich in der Moschee. Es träumte mir dann, als ob mich zwei Engel nähmen und zum Höllenfeuer führten, das so zusammengerollt war wie ein Brunnen und zwei Hörner besaß; darin (im Feuer) sah ich Menschen, die ich kannte. Da fing ich an, folgendes zu sagen: »Ich nehme meine Zuflucht bei Allāh vor dem Höllenfeuer.« Danach traf uns ein anderer Engel, der mich fragte: »Warum fürchtest du dich?« Diesen (Traum) erzählte ich Ḥafṣa, und Ḥafṣa erzählte ihn weiter dem Gesandten Allāhs, Allāhs Segen und Friede auf ihm, und er sagte: »Der Mann ist ein Diener Allāhs; es fehlt ihm nur, dass er in der Nacht betet.« Danach schlief dieser Mann des Nachts nur wenig."

Ǧundub berichtete: „Der Prophet, Allāhs Segen und Friede auf ihm, erkrankte und verrichtete während dessen nicht das „Gebet in der Nacht" für eine Nacht oder für zwei Nächte lang."

Einige Bittgebete aus dem Qurʾān

Du bist unser Beschützer; so vergib uns denn und erbarme Dich unser; denn Du bist der Beste der Vergebenden. Und bestimme für uns Gutes, sowohl im Diesseits als auch im Jenseits; denn zu Dir sind wir reuevoll zurückgekehrt. (7:155f.).

Mein Herr! Baue mir ein Haus bei Dir im Paradies. (66:11).

Mein Herr, gewähre mir eine gesegnete Unterkunft; denn Du bist der Beste, Der für die Unterkunft sorgt. (23:29).

Mein Herr, gib mir ein, dankbar für die Gnade zu sein, die Du mir und meinen Eltern gewährt hast, und (gib mir ein,) Gutes zu tun, das Dir wohlgefällig sei, und nimm mich in Deiner Barmherzigkeit unter Deine rechtschaffenen Diener auf. (27:19).

Mein Herr, ich bedarf des Guten, was immer es auch sei, das Du auf mich herabsenden magst. (28:24).

Mein Herr, ich habe mir selbst Unrecht getan, so vergib mir. (28:16).

Mein Herr, ich nehme meine Zuflucht bei Dir vor den Einflüsterungen der Satane. Und ich nehme meine Zuflucht bei Dir, mein Herr, damit sie sich mir nicht nähern. (23:97f.).

Mein Herr, lass mich nicht einsam bleiben. (21:89).

Mein Herr, sporne mich an, dankbar zu sein für Deine Gnade, die Du mir und meinen Eltern erwiesen hast, und (sporne mich an,) Rechtes zu wirken, das Dir wohlgefallen mag. Und lass mir meine Nachkommenschaft rechtschaffen sein. Siehe, ich wende mich zu Dir; und ich bin einer der Gottergebenen. (46:15).

Mein Herr, vergib (uns) und habe Erbarmen (mit uns); denn Du bist der beste Erbarmer. (23:118).

O mein Herr, lass meinen Eingang einen guten Eingang sein und lass meinen Ausgang einen guten Ausgang sein. Und gewähre mir Deine hilfreiche Kraft. (17:80).

O mein Herr, mehre mein Wissen. (20:114).

O Schöpfer der Himmel und der Erde, Du bist mein Beschützer in dieser Welt und im Jenseits. Lass mich als (Dir) ergeben sterben und vereine mich mit den Rechtschaffenen. (12:101).

O unser Herr, entscheide denn Du zwischen uns und unseren Leuten nach der Wahrheit; denn Du bist es, Der am besten entscheidet. (7:89).

Unser Herr, Du hast dieses nicht umsonst erschaffen. Gepriesen seist Du, darum hüte uns vor der Strafe des Feuers. (3:191).

Unser Herr, führe uns heraus aus dieser Stadt, deren Bewohner Bedrücker sind, und gib uns von Dir einen Beschützer, und gib uns von Dir einen Helfer. (4:75).

Unser Herr, gewähre uns an unseren Frauen und Kindern Augentrost und mache uns zu einem Vorbild für die Gottesfürchtigen. (25:74).

Unser Herr, gib uns in dieser Welt Gutes und im Jenseits Gutes und verschone uns vor der Strafe des Feuers! (2:201).

Unser Herr, gib uns reichlich Geduld und lass uns als Muslime sterben. (7:126).

Unser Herr, in Dich setzen wir unser Vertrauen, und zu Dir kehren wir reumütig zurück, und zu Dir ist die letzte Einkehr. Unser Herr, mache uns nicht zu einer Versuchung für die Ungläubigen und vergib uns, unser Herr; denn Du, und Du allein, bist der Erhabene, der Allweise. (60:4f.).

Unser Herr, lass unsere Herzen sich nicht (von Dir) abkehren, nachdem Du uns rechtgeleitet hast. Und schenke uns Barmherzigkeit von Dir; denn Du bist ja wahrlich der unablässig Gebende. (3:8).

Unser Herr, mache uns nicht zum Vorwurf, wenn wir (etwas) vergessen oder Fehler begehen. Unser Herr, und erlege uns keine Bürde auf, so wie Du sie jenen auferlegt hast, die vor uns waren. Unser Herr, und lade uns nichts auf, wofür wir keine Kraft haben. Und verzeihe uns und vergib uns und erbarme Dich unser. Du bist unser Beschützer. So hilf uns gegen das Volk der Ungläubigen! (2:286).

Unser Herr, mache unser Licht für uns vollkommen und vergib uns; denn Du hast Macht über alle Dinge. (66:8).

Unser Herr, nimm von uns an; denn wahrlich, Du bist der Allhörende, der Allwissende. Und, unser Herr, mach uns Dir ergeben und aus unserer Nachkommenschaft eine Gemeinde, die Dir ergeben ist. Und zeige uns, wie wir Dich anbeten sollen und wende uns Deine Gnade wieder zu; denn wahrlich, Du bist der gnädig Sich-wieder-Zuwendende, der Barmherzige. (2:127f.).

Unser Herr, nimm von uns an; denn wahrlich, Du bist der Allhörende, der Allwissende. (2:127).

Unser Herr, siehe, wir glauben; darum vergib uns unsere Sünden und behüte uns vor der Strafe des Feuers. (3:16).

Unser Herr, und vergib uns darum unsere Sünden und tilge unsere Missetaten und lass uns mit den Frommen verscheiden. Unser Herr, und gib uns, was Du uns durch Deine Gesandten versprochen hast, und führe uns nicht in Schande am Tag der Auferstehung. Wahrlich, Du brichst nicht (Dein) Versprechen. (3:193f.).

Unser Herr, vergib uns und unseren Brüdern, die uns im Glauben vorangingen, und lass in unsere Herzen keinen Groll gegen die Gläubigen. Unser Herr! Du bist wahrlich Gütig, Barmherzig. (59:10).

Unser Herr, vergib uns unsere Sünden und unser Vergehen in unserer Sache; und festige unsere Schritte und hilf uns gegen das ungläubige Volk. (3:147).

Unser Herr, wende von uns die Strafe der Ǧahannam ab; denn wahrlich, ihre Pein ist eine bedrückende Qual. Sie ist wahrlich schlimm als Ruhestatt und als Aufenthalt. (25:65f.).

Unser Herr, wir glauben, so schreibe uns unter die Bezeugenden. (5:83).

Unser Herr, wir glauben; vergib uns darum und erbarme Dich unser; denn Du bist der beste Erbarmer. (23:109).

Einige Bittgebete aus der Sunna

Ich nehme meine Zuflucht bei Deiner Erhabenheit, bei Dir, außer Dem kein Gott da ist, bei Dem, Der nicht stirbt, und die Ǧinn und die Menschen sterben. (Bu).

In Deinem Namen, o mein Herr, lege ich meine Körperseite, und durch Dich hebe ich sie wieder hoch. Wenn Du meine Seele zurückbehältst, so erbarme Dich ihrer, und wenn Du sie wieder schickst, so bewahre sie (vor jedem Übel), wie Du Deine rechtschaffenen Diener davor bewahrst. (Bu).

Mein Herr, vergib mir meine Fehltritte und meine Unwissenheit, meine Überschreitungen in all meinen Angelegenheiten und auch das, was Du besser kennst als ich. O Allāh, vergib mir meine Sünden und all meine (Missetaten, die) ich vorsätzlich, unwissentlich und ernstlich beging; und ich gebe zu, dass diese alle bei mir sind. O Allāh, vergib mir all meine (Missetaten, die) ich einst beging und künftig begehen werde, und was ich von diesen heimlich und offenkundig tue. Du bist mit Deiner Gnade zuvorkommend und gewährst Aufschub für alles, und Du bist über alle Dinge Mächtig. (Bu).

O Allāh! Wahrlich, ich habe mir selbst viel Unrecht zugefügt, und keiner ist da, der die Sünden vergibt, außer Dir; so vergib mir und mache dies als eine bescherte Vergebung von Dir, und erbarme Dich meiner; denn Du bist wahrlich Der Allvergebende, Der Allbarmherzige. (Bu).

O Allāh, Dir ergebe ich mich mit meinem Antlitz, und in Deine Hand lege ich alle meine Angelegenheiten. Bei Dir suche ich meinen Schutz im Verlangen nach Dir und in Furcht vor Dir; denn es gibt keine Geborgenheit und keine Rettung vor Dir außer bei Dir. Ich glaube an Dein Buch, das Du offenbart hast, und an Deinen Propheten, den Du entsandt hast. (Bu).

O Allāh, Dir gebührt alles Lob. Du bist das Licht der Himmel und der Erde und dessen, was sich in ihnen befindet. Und alles Lob gebührt ja Dir, da Du Der Erhalter der Himmel und der Erde und dessen, was sich in ihnen befindet, bist. Und alles Lob gebührt ja Dir; denn Du bist Die Wahrheit, Deine Verheißung ist die Wahrheit, Dein Wort ist wahr, die Begegnung mit Dir ist wahr, das Paradies ist wahr, das Höllenfeuer ist wahr, die Stunde ist wahr, die Propheten sind wahr, und Muªammad ist wahr. O Allāh, Dir ergebe ich mich, auf Dich vertraue ich, an Dich glaube ich, zu Dir kehre ich bußfertig zurück, wegen Dir streite ich mit anderen, und Dich nehme ich zum Richter aller Dinge. So vergib mir alles, was ich begangen habe, und was ich noch begehen werde sowie was ich im Geheimen verberge, und was ich offenkundig tue. Du bist wahrlich Der, Der mit allem Guten zuvorkommt, und Du bist wahrlich Der, Der die Macht zum Aufschieben aller Dinge besitzt. Kein Gott ist da außer Dir. (Bu).

O Allāh, gib mir Licht in mein Herz, Licht in meine Augen, Licht in meine Ohren , Licht auf meine rechte Seite, Licht auf meine linke Seite, Licht über mir, Licht unter mir, Licht hinter mir und schenke mir Licht. (Bu).

O Allāh, ich habe gegen mich selbst viel Unrecht getan - und keiner vergibt die Sünden außer Dir -, so vergib mir und mache dies als Begnadigung von Dir, und erbarme Dich meiner; denn wahrlich, Du bist der Allvergebende, der Allbarmherzige! (Bu).

O Allāh, ich nehme meine Zuflucht bei Dir vor der Unfähigkeit und der Trägheit, vor der Feigheit und der Altersschwäche; und ich nehme meine Zuflucht bei Dir vor der Pein im Grab; und ich nehme meine Zuflucht bei Dir vor der Versuchung zu Lebzeiten und beim Sterben. (Bu).

O Allāh, Du bist mein Gott. Kein Gott ist da außer Dir. Du erschufst mich und ich bin Dein Diener. Ich halte fest an meinem Bund mit Dir und an meinem Versprechen an Dich, solange ich dies einzuhalten vermag. Ich nehme meine Zuflucht bei Dir vor dem Übel, das ich begangen habe, und gebe in aller Dankbarkeit Deine Huld an mich zu sowie ich meine Schuld zugebe. Vergib mir; denn keiner ist da außer Dir, der die Sünden vergibt. (Bu).

O Allāh, Herr der Menschen, Vertilger aller Schmerzen! Heile; denn Du bist Der, Der wirklich heilt. Es ist keiner da, der heilt außer Dir! Denn da kann nichts vom Leid bleiben. (Bu).

O Allāh, ich suche wahrhaftig Zuflucht bei Dir vor der Pein im Grab; und ich suche Zuflucht bei Dir vor den Wirren des falschen Messias; und ich suche Zuflucht bei Dir vor der Versuchung zu Lebzeiten und vor der Versuchung im Sterben. O Allāh, ich suche wahrhaftig Zuflucht bei Dir vor Sündhaftigkeit und Überschuldung. (Bu).

O Allāh, lass mich sowohl zu jenen gehörend sein, die voller Freude sind, wenn sie Gutes schaffen, als auch zu jenen gehörend sein, die um Vergebung bitten, wenn sie Übeltaten begangen haben. (Bai).

O Allāh, mache zwischen mir und meinen Sünden eine Entfernung wie solche, die Du zwischen dem Osten und dem Westen gemacht hast; o Allāh, mache mich von allen Sünden frei, wie ein weißes Kleid, das vom Schmutz gereinigt wird; o Allāh, wasche meine Sünden ab mit Wasser, Schnee und Hagel. (Bu).

O Allāh! Wahrlich Du bist Der Allvergebende, und Du liebst die Vergebung, so vergib mir! (Ha, Ma, Ti)

Übersicht der Qurʾān-Verse, in denen das Farḍ-Gebet erwähnt wird

(Laufende Nummer, Name der Sura, Versnummer):

2 Al-Baqara: 2, 3, 43, 45, 83, 110, 153, 177, 238, 277.

4 An-Nisāʾ: 3, 77, 101, 102, 103, 142, 162.

5 Al-Māʾida: 6, 12, 55, 58, 91, 106.

6 Al-Anʿām: 72, 92, 162.

7 Al-Aʿrāf: 170.

8 Al-Anfāl: 3, 35.

9 At-Tauba: 5, 11, 18, 54, 71, 103.

10 Yūnus: 87.

11 Hūd: 87, 114.

13 Ar-Raʿd: 22.

14 Ibrāhīm: 31, 37, 40.

17 Al-Isrāʾ: 78, 110.

19 Maryam: 31, 55, 59.

20 Ṭā Hā: 14, 132.

21 Al-Ambiyāʾ: 73.

22 Al-Ḥağğ: 35, 41, 78.

23 Al-Muʾminūn: 2, 9.

24 An-Nūr: 37, 56, 58.

27 An-Naml: 3.

29 Al-ʿAnkabūt: 45.

30 Ar-Rūm: 31.

31 Luqmān: 4, 17.

33 Al-Aḥzāb: 33.

35 Fāṭir: 18, 29.

58 Al-Muğādala: 13.

62 Al-Ğumuʿa: 9, 10.

70 Al-Maʿāriğ: 23, 34.

73 Al-Muzzammil: 20.

98 Al-Bayyina: 5.

107 Al-Māʿūn: 5.

Die Stellen im Qurʾān, bei denen die Niederwerfung bei der Rezitation (Suğūdu-t-Tilāwa) vorgenommen wird

7 Sura Al-Aʿrāf: 206.

13 Sura Ar-Raʿd: 15.

16 Sura An-Naḥl: 49.

17 Sura Al-Isrāʾ: 107.

19 Sura Maryam: 58.

22 Sura Al-Ḥağğ: 18, 77.

25 Sura Al-Furqān: 60.

27 Sura An-Naml: 25.

32 Sura As-Sağda: 15.

38 Sura Ṣād: 24.

41 Sura Fuṣṣilat: 37 (einigen Rechtsschulen zufolge: 38).

53 Sura An-Nağm: 62.

84 Sura Al-Inšiqāq: 21.

96 Sura Al-ʿAlaq: 19.

Erläuterungen der Termini

<u>Vorrangig außerhalb der alphabetischen Anordnung:</u>

Allāh (t) Name des Einen Gottes, des Schöpfers aller Welten, Dem nichts und niemand gleichkommt, Der Propheten an die Menschen entsandte, unter ihnen Abraham, Moses, Jesus und Muḥammad. Auf die Wiedergabe des Erhabenen Namens „Allāh" durch das deutsche Wort „Gott" wurde hier verzichtet, da „Allāh" ein Eigenname ist und demnach nicht übersetzt werden kann. Der Name „Allāh" für „Gott" wird in den arabischen Ländern sowohl von Muslimen als auch von Christen verwendet.

*****

<u>Beginn der alphabetischen Anordnung ohne Rücksicht auf Umlaute und diakritische Zeichen der arabischen Transliteration. Die Geschlechtsform befindet sich zwischen Klammern unmittelbar hinter jedem Begriff.</u>

Āḏān (m): erster Gebetsruf.

ʿArafāt (m): Name eines Gebietes in der Nähe von Makka, in dem die Pilgerfahrt vollzogen wird.

ʿAṣr (m): Nachmittag; Nachmittagsgebet.

Aʿuḏu-Basmala (f): die Worte Aʿuḏu billāhi mina-š-šaiṭāni-r-rağīm ; bismi-llāhi-r-rāḥmāni-r-raḥīm = ich nehme meine Zuflucht bei Allāh vor dem verfluchten Satan. Im Namen Allāhs, des Allerbarmers, des Barmherzigen.

Basmala (f): die Worte Bismi-llāhi-r-rāḥmāni-r-raḥīm = im Namen Allāhs, des Allerbarmers, des Barmherzigen.

Duʿāʾ (m): Bittgebet, bei dem - im Gegensatz zum rituellen Gebet mit seiner vorgeschriebenen Form (-Ṣalāh) - der –Wuḍūʾ keine Vorbedingung für dessen Gültigkeit ist.

Ḍuḥa (m): Vormittag; freiwilliges Gebet am Vormittag.

Fağr (m): Frühlicht, Morgenröte; Morgengebet bei Tagesanbruch (wird auch Ṣubḥ genannt).

Farḍ (m): Pflicht, die in -Qurʾān und -Sunna vorgeschrieben ist.

Fiqh (m): die islamische Rechtswissenschaft im weitesten Sinne.

Ğahannam: einer von mehreren Namen des Höllenfeuers im Qurʾān.

Ğanāba (f): größere rituelle Verunreinigung durch Geschlechtsverkehr und Samenerguss.

Ğinn (f): Aus Feuer erschaffenes Lebewesen, das - wie die Menschen - Denkfähigkeit und Willensfreiheit besitzt. Die Existenz dieser Lebewesen wird uns von Allāh (t) im -Qurʾān

(6:100, 112, 128, 130; 7:38, 179; 15:27; 17:88; 18:50; 27:10, 17, 39; 28:31; 34:12, 14, 41; 41:25, 29; 46:18, 29; 51:56; 55:15, 33, 39, 56, 74; 72:1, 5-6) mitgeteilt.

Ǧumuʿa (f): Freitag; Freitagsgebet.

Ġusl (m): Ganzwaschung, Waschung des gesamten Körpers, zusätzlich zum -Wuḍūʾ.

Ḥadaṯ akbar (m): größere Verunreinigung durch -Ǧanāba.

Ḥadaṯ aṣġar (m): kleinere Verunreinigung durch Urinieren, Verrichtung der Notdurft bzw. Abgang von Winden.

Ḥadīṯ (m): Bericht über Aussprüche, Taten, Eigenschaften und stillschweigende Billigungen des Propheten Muḥammad (a.s.s.); gleichbedeutend mit -Sunna.

Hiǧra (f): Auswanderung des Propheten Muḥammad (a.s.s.) von Makka nach Al-Madīna; sie ist der Beginn der islamischen Zeitrechnung (1 n.H. = 622 n.Chr.).

Ḫuṭba (f): Predigt beim Freitags- oder Festgebet, die der -Imām oder ein Prediger hält.

Imām (m): Führer, Vorbeter.

Iqāma (f): zweiter Gebetsruf, der die Gläubigen zur Aufstellung zum Gebet auffordert.

ʿIšāʾ (m): Nacht; Nachtgebet.

Koran: -Qurʾān.

Lailatu-l-Qadr (f): >Nacht der Bestimmung bzw. der Macht<, in der die ersten fünf Qurʾān-Verse der Sura 96 offenbart wurden.

Maġrib (m): Abend; Abendgebet.

Masḥ (m): das Überstreichen eines bedeckten Körperteils.

Miḥrāb (m): Nische in der Moschee, die die Gebetsrichtung (-Qibla) anzeigt.

Mimbar (m): ein Podest in der Moschee, auf dem die -Ḫuṭba gehalten wird.

Muʾaḏḏin (m): Gebetsrufer, der den -Āḏān und die -Iqāma spricht.

Nāfila (f): freiwillige Mehrleistung; über die gesetzliche Pflicht (-Farḍ) hinausgehende gute Werke.

Niyya (f): innere Absicht, Intention.

Qibla (f): Gebetsrichtung der Muslime. Alle Muslime wenden sich beim Gebet nach Makka, zur Kaʿba , dem geheiligten Hause Allāhs.

Qiyām (m): Aufrechtstehen beim Gebet.

Qunūt (m): Gottergebenheit; Duʿāʾu-l-qunūt: Bittgebet mit einem bestimmten Wortlaut.

Qurʾān (m): das von Allāh (t) an Seinen Propheten Muḥammad (a.s.s.) offenbarte Buch in arabischer Sprache.

Rakʿa (f): Gebetsabschnitt.

Rukūʿ (m): Beugen des Körpers

beim Gebet.

Sağda (f): Niederwerfung des Körpers bei der Qur᾽ān-Rezitation an bestimmten Stellen.

Šahāda (f): das Bekenntnis zum Islam mit folgendem Wortlaut: Lā ilāha illa-llāh; Muḥammad rasūlul-llāh = Es ist kein Gott außer Allāh; Muḥammad ist der Gesandte Allāhs.

Ṣalāh [Ṣalāt] (f): rituelles islamisches Gebet mit bestimmtem Zeremoniell. Das »t« im Wort Ṣalāt wird nur gesprochen, wenn es mit einem nachfolgenden Wort verbunden ist oder in einem Satzgefüge steht; Beispiel: Ṣalātu-ẓ-Ẓuhr (=Mittagsgebet).

Suğūd (m): Niederwerfen des Körpers beim Gebet.

Sunna (f): 1. beispielhaftes und nachahmenswertes Verhalten des Propheten Muḥammad (a.s.s.); 2. Dinge, die der Prophet (a.s.s.) getan, befohlen oder empfohlen hat; gleichbedeutend mit -Ḥadīṯ.

Sura (Sūra, Sure) (f): Abschnitt des Qur᾽ān. Es gibt 114 Suren (arab. pl.: Suwar) unterschiedlicher Länge.

Sutra (f): Gegenstand, der den Gebetsplatz in Richtung -Qibla abgrenzt.

Taḥlīl (m): -Taslīm.

Taḥrīm (m): Beginn bzw. Eintritt ins Gebet mit den Worten: Allāhu akbar (-Takbīr).

Takbīr (m): die Worte Allāhu akbar = Allāh ist größer. Dies ist die kurze Form für den Satz: Allāh ist noch größer als alles, was wir uns vorstellen können.

Tarāwīḥ (f): erquickende Gebete, besondere freiwillige Gebete im Fastenmonat Ramaḍān.

Tašahhud (m): Rezitation bestimmter Worte während des Sitzens nach dem -Suğūd.

Taslīm (m): (auch Taḥlīl genannt) Beendigung des Gebets mit den Worten: Assalāmu ῾alaikum ...

Tayammum (m): vereinfachter -Wuḍū᾽, Ersatzwaschung.

Ṭuhūr (m): Zustand der rituellen Reinheit, der durch den -Wuḍū᾽ oder -Ġusl oder -Tayammum herbeigeführt wird.

Umma (f): die weltweite Gemeinschaft der Muslime.

Witr (m): ungerade Zahl, Gebet zwischen dem -῾Išā᾽ und dem -Fağr mit einer ungeraden Anzahl von -Rak῾a.

Wuḍū᾽ (m): Waschung vor dem Gebet zur Erlangung der rituellen Reinheit (-Ṭuhūr).

Zakāh (Zakāt) (f): pflichtmäßige Abgabe und eine der „fünf Säulen" des Islam. Für das „t" im Wort „Zakāt" gilt dasselbe wie für das Wort Ṣalāt (Ṣalāh).

Ẓuhr (m): Mittag; Mittagsgebet.

Alles Lob gebührt Allāh

(Schlusswort in arabischer Sprache)

تَمَّ بِعَوْنِ اللَّه
وَعُطِّرَ بِالْمِسْكِ وَدُفِعَ إِلَى الْمَطْبَعَةِ
وَقَدْ كَانَ الاِنْتِهَاءُ مِنْ مَادَّتِهِ فِي عَامِ ١٤٠٢ مِنَ الْهِجْرَةِ فِي شَهْرِ
رَبِيعِ الأَوَّلِ الَذِي وُلِدَ فِيهِ نَبِيُّ الرَّحْمَةِ صَلَّى اللَّهُ عَلَيْهِ وَسَلَّمَ –
نَسْأَلُ اللَّهَ تَعَالَى أَنْ يَنْفَعَ بِهِ وَيَجْعَلَهُ عَمَلاً خَالِصاً لِوَجْهِهِ سُبْحَانَهُ
وَأَنْ يَعْفُوَ وَيَغْفِرَ مَا قَدْ يَظْهَرُ فِيهِ مِنْ خَطَأٍ أَوْ زَلَلٍ ، فَمَا قَصَدْتُ
بِهَذَا الْعَمَلِ إِلاَّ الْخَيْرَ لِلدِينِ وَمَرْضَاةَ الْمَوْلَى جَلَّ فِي عُلاهِ ،
(وَمَاتَوْفِيقِي إِلاَّ بِاللَّهِ عَلَيْهِ تَوَكَّلْتُ وَإِلَيْهِ أُنِيبُ). (رَبَّنَا إِنَّكَ تَعْلَمُ
مَا نُخْفِي وَمَا نُعْلِنُ ، وَمَا يَخْفَى عَلَى اللَّهِ مِنْ شَىْءٍ فِي الأَرْضِ وَلاَ
فِي السَّمَاءِ). (رَبِّ اجْعَلْنِي مُقِيمَ الصَّلاةِ وَمِنْ ذُرِّيَتِي
رَبَّنَا وَتَقَبَّلْ دُعَاءِ. رَبَّنَا اغْفِرْ لِي وَلِوَالِدَيَّ وَلِلْمُؤْمِنِينَ يَوْمَ يَقُومُ
الْحِسَابِ). وَالْحَمْدُ لِلَّهِ رَبِّ الْعَالَمِينَ وَالصَّلاَةُ وَالسَّلاَمُ عَلَى رَسُولِ
اللَّهِ وَعَلَى آلِهِ وَصَحْبِهِ، وَمَنْ دَعَا بِدَعْوَتِهِ إِلَى يَوْمِ الدِّينِ.

الْفَقِيرُ إِلَى اللَّهِ
أَبُو الرِّضَاءِ عَبْدُ اللَّهِ مُحَمَّدُ بْنُ أَحْمَدَ بْنِ رَسُولٍ
كُولُونِيا – أَلْمَانِيا الاِتَّحَادِيَّةِ
Islamische Bibliothek

Aus dem Verlagsprogramm der Islamischen Bibliothek

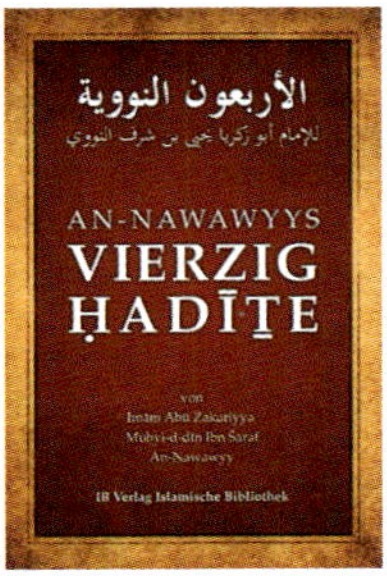

An-Nawawyy, Muḥyi-d-dīn Ibn Šaraf
An-Nawawyys Vierzig Ḥadīṯe
2010, 88 Seiten. Broschiert.

Al-ʿUṯaymīn, Muḥammad Ibn Ṣāliḥ
Wenn man im Gebet vergisst
2010, 48 Seiten. Broschiert.

Imām ibn Kaṯīr
Die Geschichten der Propheten
2011, 552 Seiten. Gebunden.

Rassoul, Muḥammad
Ar-Rayyan und das Fasten im Ramaḍān
2011, 128 Seiten. Gebunden.

Qadhi, Yasir
Duʿāʾ - Die Waffe des Gläubigen
2011, 272 Seiten. Gebunden.

Soukah, Zouheir
Wie man den Ǧumuʿa-Tag empfängt
2011, 76 Seiten. Broschiert.